el Amante Perfecto

el Amante Perfecto

TAO DEL AMOR Y EL SEXO

Mabel Iam

ATRIA BOOKS

New York London Toronto Sydney

1230 Avenue of the Americas
New York, NY 10020

Número de tarjeta de catalogación de la biblioteca del congreso: 2005053038

ISBN-13: 978-0-7432-8800-2
ISBN-10: 0-7432-8800-9

Primera edición en cartoné de Atria Books, octubre de 2005

10 9 8 7 6 5 4 3 2 1

ATRIA BOOKS es un sello editorial registrado de Simon & Schuster, Inc.

Impreso en los Estados Unidos de América

Para obtener información respecto a descuentos especiales en ventas al por mayor, diríjase a: Simon & Schuster Special Sales al
1-800-456-6798 o a la siguiente dirección electrónica:
business@simonandschuster.com.

La información relacionada al Internet es vigente en el momento de ésta publicación. La casa editoral no garantiza que dicha información permanezca válida en el futuro. Por favor diríjase a la página de Internet de Simon & Schuster para establecer enlaces con páginas de autores y otras fuentes de información.

Nota: Los antiguos remedios presentados en este libro son referencias históricas utilizadas con propósitos educativos únicamente. Las recetas no se deberán utilizar con fines de lucro. Los contenidos no están destinados a diagnosticar, tratar, prescribir o sustituir las recomendaciones de profesionales legalmente licenciados y autorizados para la práctica en el campo de la salud. Las nuevas recetas deberán ser aplicadas en dósis mínimas para permitir que el cuerpo las asimile.

Tabla de contenido

Parte I: Preparación para el amor

Infinito agradecimiento

A mi esposo Greg, el hombre de mi vida.
Él hace realidad todas mis fantasías de mujer.
Me inspira y ayuda crecer cada día
con compasión y alegría.
Un gran compañero, mejor amigo
y perfecto amante.

A los maestros espirituales que me enseñaron
a despertar mi esencia interior y expandir
mi conciencia, especialmente,
al maestro Meishu Sama.

A mis sobrinos Ezequiel, Manuela and Caterina,
con el amor especial,
porque son parte de mi corazón.

Quiero agradecer a Judith Curr por su confianza.

En especial a Johanna Castillo por su permanente y fiel amistad,
cariño y soporte personal para publicar esta nueva versión
de este amado libro.

Dedico este libro a las mujeres y hombres,
que tomen, hoy mismo, el compromiso y la decisión final
de aprender a ser amados, sin conflictos y con una libertad total.

Es mi humilde propósito con la presentación de
este texto que el amor en toda su perfección
integre nuestra vida y nos brinde su poderosa bendición.

Prólogo

Quien ensalza a la Vida
no sabe nada de la Vida; por eso tiene Vida.

Quien no ensalza la Vida
busca no perder la Vida; por eso no tiene Vida.

Quien ensalza la Vida
no obra ni tiene propósitos.

Quien no ensalza la Vida
obra y tiene propósitos.

Quien ensalza el amor,
obra, pero no tiene propósitos.

Quien ensalza la justicia,
obra y tiene propósitos.

Quien ensalza la costumbre,
obra, y cuando alguien no le replica,
gesticula con los brazos y lo atrae.

Por eso: perdido el Tao, queda la Vida.
Perdida la Vida, queda el amor.
Perdido el amor, queda la justicia.
Perdida la justicia, queda la costumbre.
La costumbre es fiel, creyente, débil
y principio de confusión.

El previo saber es el brillo del Tao y el comienzo de la necedad.
Por eso el hombre recto se mantiene íntegro
y no pertenece a los débiles.
Vive en el Ser y no en el brillo.
Rechaza aquello y toma esto.

Tao Te King, 38

Introducción

Un hombre y una mujer . . .
El hombre es el águila que vuela.
La mujer es el ruiseñor que canta.
Volar es dominar el espacio.
Cantar es conquistar el alma.
El hombre es un Templo.
La mujer es el Altar.
Ante el templo nos descubrimos;
ante el altar nos arrodillamos . . .
El hombre está colocado donde termina la tierra.
La mujer donde comienza el cielo.
—Victor Hugo

El libro *El Amante Perfecto* te lleva de la mano para experimentar en forma permanente el placer y la éxtasis.

Para recorrer este sendero y comprender el sentido del verdadero amor.

Para tu mayor claridad y comprensión este texto

tiene la intención de iniciarte en la maestría del amor e iluminar tu corazón.

Cada paso por este camino abre una puerta mas profunda dentro de ti.

Son tres los estadios o etapas a realizar.

La primera etapa para trascender es la "Preparación para el amor."

Una vez que hayas realizado todas las técnicas, de cada capítulo, te has preparado en el arte del amor perfecto. Entonces, debes seguir por el camino del Tao para abrirte mas profundamente, y penetrar en la nueva etapa: "La realización del amor."

Para desarrollar este nuevo estadio, tienes todas las herramientas en cada técnica y ejercicio explicados en cada sección de esta segunda parte.

Cuando has conocido "la realización" podrás "Expandir el amor," porque tu corazón ya está preparado para iluminar e irradiar con la llama de luz eterna que habita dentro de ti.

Y como el Tao del amor es infinito no tiene final . . .
No tiene meta.
Es el eterno presente.
Cuando se alcanzan los tres estadios,
se comprende todo el camino.

El Tao del amor siempre se expande,
por ello, es inmortal.

Aquí y ahora, mas allá del sexo,
puedes amar con el alma,
ya posees las técnicas que te conducen
a ser un amante perfecto.

PARTE I

Preparación para el amor

El cielo a consecuencia del Uno, se hizo claro.
La tierra a causa del Uno, se hizo firme.

Tao Te King, 39

1

El placer del Tao y la polaridad del sexo

El Tao: yin y yang del sexo

Cuando la mujer se une con amor a su hombre, todo el poder mágico del universo se integra y este acto produce milagros tanto en el cielo como en la tierra.

La unión de lo femenino con lo masculino

Aunque resulta imposible conocer con precisión cuál es el origen de la filosofía taoísta, se sabe que hacia el año 500 a. de C. el sabio chino Lao Tse recogió y compiló sus principios básicos en un libro que conocemos como *Tao Te King*.

Una rama importante de la medicina china, imbuida de filosofía taoísta y provista de sus observaciones e interpretaciones de la naturaleza, halló interés en las relaciones entre el sexo, el amor y la salud.

Así como el objetivo del Tao es conocer el camino supremo para la realización del ser humano, el objetivo del tao de la pareja es integrar el amor, el sexo y el unir las energías femenina y masculina.

Representación del Tao

El Tao es la Unidad constituida por dos principios: yin y yang. Su símbolo es un círculo dividido en dos mitades por una línea sinuosa en forma de "S", con una mitad de color negro y la otra de color blanco.

El círculo evoca la unidad del universo, integrada por los aspectos yin (negro) y yang (blanco), inseparables en toda manifestación de la totalidad. Dentro de la mitad de cada color hay un círculo menor del color opuesto que señala que cada uno de estos principios contiene el germen del otro. En el momento culminante de su despliegue y expansión, cada principio transmuta en su opuesto polar para que opere la fuerza del equilibrio eterno.

El equilibrio del universo depende de la polaridad

Según el Tao, el universo es producto de la polaridad existente dentro de la unidad primordial: reposo y movimiento, contracción y expansión, condensación y dispersión, retroceso y avance. Desde sus manifestaciones más simples y particulares hasta las más complejas y universales, en todo ser se expresa esta polaridad original. La interrelación de yin y yang genera todas las cosas que animan el universo.

El símbolo del yin y yang

La filosofía del Tao se basa en la búsqueda del equilibrio y la integración de las fuerzas energéticas opuestas que son complementarias entre sí.

El yin y el yang

La energía yin representa lo femenino: la pasividad, la noche, lo húmedo, el frío, el agua y la luna. La mujer, con todas sus secreciones sexuales y sus fluidos constituye una esencia yin que es revestimiento necesario para permitirle al semen masculino convertirse en embrión.

La mujer contiene un depósito inagotable de energía yin que es activada mediante la excitación sexual. El orgasmo femenino fortalece la energía vital, mejora la salud y prolonga la juventud.

Debido a que el potencial sexual de la mujer es más energético y abierto, casi todos los textos ponen mayor énfasis en educar al hombre para que ambos amantes alcancen una satisfacción equivalente.

La energía yang representa lo masculino, la actividad, el día, lo seco, el sol y el fuego. La esperma del hombre es un bien precioso, fuente de su salud física y de su energía vital. Esta última disminuirá a menos que sea compensada con una cantidad equivalente de energía yin femenina, para lo cual el hombre debe procurar la satisfacción de la mujer cada vez que tiene contacto sexual con ella. Así, ambos se beneficiarán en cada acto amatorio: él, fortaleciendo su esencia vital; ella, estimulando e intensificando su esencia yin.

Según el pensamiento taoísta, la particularidad sexual de yin es su mayor lentitud para excitarse, pero también para darse por vencida en el momento que necesita más estimulación sexual. En cambio, la particularidad de yang es ser fácilmente excitable y tener la capacidad de llegar al máximo placer en forma instantánea.

Para que ambas energías se fusionen, el hombre necesita aprender a prolongar el acto sexual sin llegar al orgasmo. De esta manera, al aumentar el tiempo en que su miembro permanece en el interior de la mujer, absorbe la esencia yin que lo revitaliza.

Cuando la fuerza yang del hombre y la fuerza yin de la mujer se unen, crean la vida en el universo.

Placer Infinito

Existen ejercicios físicos y mentales para equilibrar a una pareja con problemas sexuales. Estas antiguas técnicas son efectivas para aquellos que juegan roles muy rutinarios, estereotipados o rígidos en las relaciones sexuales, que pueden desembocar finalmente en la pérdida del deseo sexual.

> Primero que todo, los amantes deben trabajar en la ternura de los sentimientos y expresarlos en forma de caricias. Ambos componentes de la pareja deben acariciarse en forma lenta y suave, con sensibilidad yin. En las caricias no intervienen sólo los dedos y la boca, sino todo el cuerpo, incluidas aquellas partes que no suelen ser exploradas por el erotismo.
>
> Mientras la pareja se acaricia, ambos deben concentrarse en la imagen de un Sol que abraza con sus rayos de luz a la Luna: dos energías vitales que se integran.
>
> El hombre debe excitar a su mujer hasta lograr que la humedad de la zona erógena de ambos llegue a su máxima abundancia. Al lograr ambos esa sensación yin, llega el momento de la intervención del yang con la penetración del hombre a la mujer, hasta llegar al máximo placer de la pareja.
>
> Concluido el acto sexual en estado de éxtasis, la pareja debe esperar unos minutos y permitir que el cuerpo se relaje por completo. Cuando se llega a ese punto de descanso, los amantes deben visualizar, tomados de las manos y besándose al mismo tiempo, la imagen de la tierra y el cielo integrados.
>
> Si los amantes vuelven a acariciarse, pueden llegar de nuevo a excitarse y a realizar el acto sexual más de dos veces por día.

Si una pareja realiza estos ejercicios todos los días durante un período de tiempo, logrará armonizar las energías yin y yang y experimentará amor en su máxima realización.

2

El camino supremo: Tao de la evolución espiritual a través del Tantra

El tantra, otro camino al placer sagrado

El arte de la alcoba constituye el clímax
de las emociones humanas
y comprende el Camino Supremo.

Vishvasara Tantra

La palabra *tantra* resulta de la unión del radical *tan* (extender, expandir) y el sufijo instrumental *tra*. "Tantra", entonces, es un instrumento de expansión de la conciencia ordinaria a fin de acceder a la raíz del ser y a potenciales desconocidos posibles de despertar y utilizar.

La disciplina del tantra, o *tantra yoga*, aparece desarrollada mediante ritos, prácticas y meditaciones en diversos libros sagrados de la India. Estos libros, de más de dos mil años de antigüedad, se escribieron en forma de diálogos entre el Dios hindú Shiva, "el poder penetrante de energía enfocada", y su compañera Shakti, que representa la fuerza creadora femenina, a veces es llamada "el poder del tantra". Para el tantra, el universo vive. Desde la estrella más lejana hasta la partícula subatómica más pequeña están habitadas por una forma de conciencia. El universo es conciencia y energía asociadas. En la práctica, esto lleva al respeto de toda vida, animal o vegetal. Cuando alguien perjudica cualquier forma de vida perjudica su propia vida: la ecología se vuelve cósmica.

Para las parejas que buscan una forma significativamente diferente de relacionarse, y de mantener el amor y la pasión durante mucho tiempo, el tantra provee herramientas muy importantes.

El sexo tántrico no promete resultados instantáneos; no es una técnica de "un minuto" para lograr habilidad sexual. Pero en las parejas que desean enriquecer su relación puede liberar un tipo especial de energía que favorece la armonía y aumenta el placer y la intimidad sexual. El sexo tántrico puede crear un compañerismo extraordinario.

Secretos milenarios del tantra

La misteriosa y a menudo tergiversada disciplina del tantra comprende un conjunto de técnicas, doctrinas y ritos milenarios que procuran unir la mente humana con el infinito. Según el tantra, el universo nace de la unión cósmica de los principios masculino y femenino. El sexo tántrico se inscribe dentro de esta concepción, donde se combinan con sabiduría los placeres inherentes a la naturaleza humana y los que provienen de un camino místico, profundo y regulado mediante el cual el amor humano se convierte en un puente hacia el amor divino.

La sexualidad tántrica

En una primera definición, el tantra procura la expansión de la mente por la liberación de la energía de sus ataduras a las dimensiones densas de la materia. Tantra es el sistema por el cual Shakti, la energía primordial, es liberada. Para ello es necesario, además, realizar un buen trabajo con una dieta adecuada, una respiración adecuada (*pranayama*), un ejercicio adecuado, una relajación adecuada, y un pensamiento adecuado (meditación).

Sin embargo, hacer el amor es una oportunidad ideal para la circulación consciente de energía y cualquiera de los miembros de la pareja puede hacer circular simultáneamente la energía propia y la del otro.

La energía circula al hacer el amor, pero a menudo se pierde debido a la falta de conciencia. Lo importante es familiarizarse con la sensación de un flujo libre de energía a fin de reconocerlo conscientemente. Resulta sorprendente comprobar con qué facilidad la mente puede sentir el flujo de energía si dejamos que nuestra intuición se ponga en contacto con el cuerpo de nuestra pareja. La respiración profunda permite experimentar el flujo de energía. Veremos que ciertas partes del cuerpo se sienten despiertas, mientras que otras se sienten dormidas o menos estimuladas.

Las posturas eróticas tántricas, conocidas como *bandhas* (cerraduras), fueron creadas para canalizar hacia el interior la energía que fluye hacia fuera. Las manos y los pies se utilizan con frecuencia como auxiliares de este proceso de suma importancia: hacer circular la energía sexual en lugar de perderla. Un ingrediente esencial de la práctica tántrica es honrar el espíritu interior. Es así como el amor toma su carácter liberador y verdaderamente eterno.

La relación sexual consiste entonces en entregar la propia sexualidad a otra persona. Cuando alguien acepta el acto sexual como un regalo, se producen intercambios en diversos niveles: un intercambio físico en la mezcla de secreciones, un intercambio psicofísico de energías y polaridades vitales, un intercambio kármico a través de la convergencia de destinos, y un intercambio espiritual en la comunión de los espíritus. Todos estos intercambios incrementan la calidad de la pareja.

El principio más importante del rejuvenecimiento sexual consiste en hacer circular la energía en lugar de gastarla, poniendo atención a los aspectos mentales, emocionales y físicos del amor sexual y canalizando sabiamente las energías vitales.

El tantra no aconseja la abstinencia sexual prolongada, ya que desemboca en la acumulación de corrientes sexuales innaturales dentro del cuerpo. La retención consiste en mantener el placer como una luz en medio de la tormenta. Los textos tántricos subrayan la importancia que tiene "absorber el equivalente del compañero" cuando haya una emisión de jugos vitales. La perdida de semen, que proviene de todas las partes del cuerpo, debilita y acorta la vida del hombre. Para contrarrestar esta pérdida que ocasiona la eyaculación, el hombre debe absorber conscientemente las secreciones femeninas, para lo que existen distintas técnicas.

De todos modos, la retención del semen o el control consciente de la eyaculación es una cuestión voluntaria, pues no es lo mismo en un joven de 20 años que en un adulto de 50, y la pérdida de energía a través de la eyaculación tiene un significado diferente para cada individuo. Cada uno debe decidir cuándo y como establecer su propia frecuencia.

En los niveles más altos del erotismo el orgasmo se vuelve puramente una puntuación, un incentivo del estado de continuo e intenso esplendor físico y emocional que los amantes consiguen evocarse mutuamente. El sexo no se considera una sensación, sino un sentimiento; la atracción no es un apetito, sino un "contacto de ojos"; el amor no es una reacción, sino una creación cuidadosamente fomentada, un prolongado éxtasis mental y corporal cuyos fuegos se mantienen vivos por medio del estímulo prolongado de los órganos sexuales, y no por el mero alivio reciproco. En este sentido, los ritos que acompañan al acto sexual llevan también cargas de energía acumulada, derivadas de prácticas que realzan fuerza propia de la sexualidad.

Las posturas y contracciones internas que tienen lugar en el transcurso de la unión tántrica actúan sobre la base de esta concepción del amor sexual. Pero la condición especial de esplendor interior que provocan sólo aparece cuando el foco erótico pasa de la personificación exterior y sensorial del deseo, a la diosa interior de la que todas las mujeres exteriores son una manifestación. En este sentido, la satisfacción de la mujer es en extremo importante, ya que sólo con ella otorgará todo su potencial iniciático a su amante. La mujer y el hombre, entonces, son claves del deleite recíproco. Esto no significa que el uno pierda valor a los ojos del otro. Todo lo contrario, porque cada uno de ellos se vuelve divinidad para el otro.

3

La divinidad interior, el autoconocimiento y el sendero del Tao

El camino a la perfección

El sexo no es sólo un acto en el cual los cuerpos se encuentran con mayor o menor entrega y satisfacción. Tampoco es una mala palabra. Es el punto de partida de la vida. Necesitamos amigarnos con la poderosa energía sexual que modifica la esencia de todas las cosas.

Según circule la energía sexual, así será nuestra vida. Muchas veces nos comportamos como si el cuerpo y el sexo fuesen nuestros enemigos. La percepción de nuestra sexualidad, sea ésta plena, normal o poco explorada, es fiel reflejo de cómo vivimos.

Bien entendida, la sexualidad posee la llave que conduce al conocimiento del ser y de su interior. No importa que aún tengamos temas pendientes en esta materia. Siempre estamos a tiempo para sumergirnos y conocer a fondo cómo desarrollar nuestra energía sexual mediante diferentes ejercicios físicos, buscando los que más se adapten a nuestro estilo de vida y personalidad y, al mismo tiempo, resulten compatibles con las personas con quienes nos relacionamos sexual y afectivamente. Cuando cuerpo y espíritu están en equilibrio se inicia del viaje hacia el amor total.

Rituales eróticos del tantra

Podemos desarrollar nuestra energía sexual solos o en pareja, por medio de distintas técnicas: meditaciones activas, visualizaciones, rituales, y mediante el conocimiento de distintos símbolos, como los colores internos y los centros de energía o chakras.

Esta actitud aporta muchas ventajas a la relación. Nos acercarnos a la persona amada con la devoción y el respeto que merece, y al hacerlo evocamos en ella y, por lo tanto, en nosotros una dimensión superior. Todas las debilidades humanas que podemos ver a diario en la otra persona desaparecen, al menos durante ese acto sagrado y devocional que practicamos. La relación amorosa se convierte en estímulo mutuo para el despertar de la conciencia.

Cuando los amantes logran reservar un espacio para verse el uno al otro y a sí mismos como seres superiores, se crea un tipo de energía que ayuda mucho en la convivencia diaria. Si el pensamiento se mantiene en esa dimensión, la energía sigue esa senda y produce efectos.

La energía sexual, incrementada y estimulada por el ritual erótico, se eleva a una situación de alto potencial energético. Esta es la base del proceso de transformación tántrico.

El espacio y el cuerpo sagrados

Una pareja que lleva mucho tiempo convivindo suele depositar demasiada atención en los defectos humanos del otro. Aunque se amen, si han perdido parte de su pasión ambos deberán, mediante el mutuo acuerdo, arribar a la decisión de comprenderse y volver a sentir esa intensidad de la primera época del vinculo. La fuerza del ritual sexual ayuda a lograrlo.

Lo primero que una pareja necesita es entrar en un espacio-tiempo sagrado, algo que es mucho más importante que sólo tener tiempo y una habitación con flores y adornos. Significa también entrar en un espacio-tiempo único, un lugar interno donde no hay pasado ni futuro, un sitio donde todo confluye. Este lugar mágico se crea en la mente, en la conciencia de que algo extraordinario habrá de suceder.

Explicado de una forma más simple, equivale a entrar en el espacio donde va a celebrarse el rito con la conciencia con que ingresamos a un lugar mágico donde prevalece el aquí y ahora: dejamos fuera los problemas y preocupaciones y todo recuerdo del pasado.

En ese espacio nos acercaremos al cuerpo del amante como a un territorio sagrado. El cuerpo debe ser lavado, purificado y perfumado como reconocimiento de su belleza y su dimensión trascendente. Ambos cuerpos y ambos amantes son la expresión de la divinidad. Amándose mutuamente se regocija la vida en ellos, se despierta la energía y todo comienza a vibrar.

4

La diosa y el sendero del corazón

Despierta el placer de la diosa y podrás encender su corazón

"... No existe otra vía para abrir
que no sea la femenina.
Ni ayer, ni ahora, ni mañana,
otra fortuna que la Mujer ni otro reino,
ni peregrinación, ni yoga,
ni oración, ni fórmula mágica,
ni otra plenitud que lo que la mujer prodigue ..."

Shaktisangama,
—Tantra, más allá del orgasmo

El despertar de la diosa

El acto amoroso es una experiencia incomparable, tanto para las sensaciones como para los sentimientos que revelan nuestro más profundo y remoto interior. El grado de esta experiencia está íntimamente relacionado con el juego erótico. La energía interna femenina tiene el rol de abrir ese juego, mientras que la masculina tiene la función de excitar y provocar el impulso sexual.

A diferencia de los animales, el ser humano tiene erotismo y puede disociar la expresión sexual del instinto de procrear. Más aún, los seguidores del tantra creen en la posibilidad y la libertad de elegir el momento del placer.

La insatisfacción sexual en una pareja surge a partir del hecho de que el primer orgasmo femenino es sólo un comienzo para la mujer, mientras que la eyaculación termina con la erección masculina e interrumpe la excitación de la mujer. Estas diferencias confirman que la mujer necesita una estimulación sexual más allá de lo genital, pues el primer orgasmo no le alcanza para una verdadera satisfacción.

La pregunta, entonces, es ¿cómo hacer para que la mujer disfrute más allá del primer orgasmo?

Los polos del placer sin límites

La mujer tiene dos polos sensitivos cargados de energía sexual. Para la filosofía tántrica, el polo norte es el clítoris, el más accesible y hasta ahora reconocido. El polo sur es más profundo, se lo llama punto sagrado y algunas terapias sexuales hablan de él como el misterioso punto G.

El clítoris se asienta como una campana en la parte superior de la vulva. Es el único órgano del cuerpo cuya función es generar placer. Aunque la cabeza del clítoris es pequeña, en la mayoría de las mujeres se lo puede palpar y estimular fácilmente. El órgano masculino también puede estimularlo como un juego previo a la penetración.

Pero encontrar el punto sagrado requiere un tacto que a una mujer le resultará difícil hallar sola. Si uno encuentra ese punto sagrado puede liberar el potencial sexual y espiritual, que actúa como un poder sanador.

Algunas mujeres han podido localizar ese lugar solas, presionando hacia arriba el ombligo con dos dedos en el interior de su vagina, y al mismo tiempo apretando hacia abajo, justo por encima del hueso púbico, con una mano por fuera. Si la mujer logra estimular o dar masajes en el área, el punto se hinchará y puede hacerse palpable para su pareja. Pero, para la mayoría, esta parte del proceso del despertar requiere el tacto cariñoso del compañero, que debe estar preparado para respetar la naturaleza física y psicológicamente vulnerable del lugar. Es por esto que la disciplina tántrica proporciona métodos para acelerar el conocimiento del placer femenino y los polos de éxtasis.

El punto sagrado, como es nombrado por los seguidores del tantra, se encuentra en lo profundo de la vagina y está mucho más protegido que el clítoris. Encontrarlo y estimularlo produce el placer más intenso que se pueda experimentar, pero para eso la pareja necesita de mucha paciencia y dedicación.

Si la mujer no ha tenido buenas experiencias sexuales, esa zona debe acariciarse con mucho cuidado. Poco a poco, la pareja aprenderá a estimularlo y esto provocará el bienestar físico y espiritual en la mujer, que trasciende más allá de lo sexual. Lo más importante es que la pareja supere sus prejuicios y pueda aprender a encender el fuego interior que sostiene el espíritu que habita en cada ser. De este modo, los amantes purificarán sus experiencias negativas.

La mujer debe conocer su cuerpo y explorar sin culpas la satisfacción, para poder pedirle a su amante lo que en realidad necesita. Tener una relación plena aumenta la autoestima, desarrolla la vitalidad y el entusiasmo.

El placer de la diosa

El tantra otorga importancia central al amor y la sexualidad; su práctica es un ritual sagrado que busca conectar la energía física con la espiritual. Esto se traduce en los nombres que da a los órganos: "lingam" al órgano masculino, que significa "vara de luz", y "yoni" a los genitales femeninos, que se traduce como "espacio sagrado".

Para el tantra la conciencia espiritual está íntimamente ligada al despertar de la diosa, quien posee el poder de la energía creativa del universo. Este poder de la energía femenina es tan grande que a veces se vuelve incontrolable. Por este motivo el tantra busca, en el acto sexual, el placer de la mujer como forma de éxtasis y de evolución de ambos miembros de la pareja.

Para lograr este placer supremo se debe encontrar el punto energético orgánico, pero ello requiere paciencia y experiencia. Aprender a conocernos puede brindar múltiples satisfacciones, tanto en lo sexual como en la vida en general. Pero pocas mujeres conocen su verdadera intensidad debido a que el sexo fue, durante siglos, un tema tabú para hombres y mujeres y muchos todavía lo experimentan con cierta culpa o poco respeto. Quizá por este motivo la mayoría de las parejas desconocen o no comunican sus necesidades y eso les impide la mutua comprensión.

Muchas personas ignoran cómo funciona el placer y tienden a creer que toda la estimulación sexual está más o menos a la vista. Pero si la mujer logra encontrar su punto sagrado llegará a sentir orgasmos explosivos. Esta sensación incontrolable, y el poder transformador que ella implica, pueden provocar cierto temor si no está preparada para tanta intensidad.

Tal vez el hecho de no poder manejar sus instintos más primarios haya llevado la mujer a la represión, y al hombre a sentir temor por no poder controlar esa fuerza tan sutil como arrolladora.

Necesitamos incentivarnos mutuamente a despertar la energía dormida en nuestro cuerpo, para entrar así en contacto con la energía misma del universo.

El poder del placer ya está en ti, solamente tienes que decidirte a conocer tus posibilidades divinas.

5

Espacio sagrado y las técnicas de meditación

Meditación con impulso sexual

En general, cuando pronunciamos la palabra "meditación" nos viene a la mente la imagen de un gurú o un maestro yogui sentado inmóvil de por vida. Nada más alejado: hay técnicas de meditación que son estáticas, pero muchas otras se desarrollan en movimiento.

¿Para qué puede servirnos la meditación? Principalmente como herramienta de autoconocimiento, como instrumento para relajarnos y para concentrar nuestras energías y atención en el aquí y ahora, en el momento presente, en el espacio-tiempo que consagramos al amor.

En definitiva, la meditación puede convertirse en una herramienta para conectarnos aún más con las dimensiones sagradas del éxtasis.

Una práctica de meditación

El modo más sencillo y clásico de iniciarse en la meditar es aprender a relajarse y concentrarse en la respiración. Veamos la siguiente práctica.

> Nos sentamos cómodos, con la espalda erguida. Las manos deben quedar en reposo sobre las piernas, cerca de las rodillas, o ambas sobre el regazo, con las palmas hacia arriba, la izquierda debajo de la derecha. Los hombros deben estar relajados, sin tensiones innecesarias en el rostro ni en el cuello.
>
> Inhalamos levantando un poco los hombros hacia arriba y al exhalar los dejamos caer. Repetimos esto tres o cuatro veces. Vamos a observar cómo abrimos el pecho al respirar, sentimos su expansión.
>
> Observamos entonces con detenimiento si el aire roza levemente los labios, si las aletas de la nariz se desplazan un poco cuando al inhalar y exhalar.
>
> Observemos el aire que entra por la fosa nasal derecha, notemos si su temperatura es diferente del que entra por la fosa nasal izquierda.
>
> ¿Tiene color el aire? ¿Qué color nos sugiere? Y el que entra por la fosa nasal derecha, ¿qué color nos sugiere? ¿Y el que entra por la fosa nasal izquierda? ¿Adónde va el aire?
>
> Siempre usamos los ojos para ver lo que hay fuera . . . ahora miramos dentro. Observamos como el aire baja poco a poco, ¿es denso o es sutil? ¿Es como una tibia lumbre que va llenando poco a poco los pulmones, o es rápido como una ráfaga que refulge?
>
> Toma conciencia de que cuando el aire llega a todo tu pecho te sientes feliz, percibes que hay vida en tu interior. Cuando estás sereno, el aire cálido relaja y expande el pecho.

Lo más importante es permanecer en el silencio de tu interior, observando lo que sucede dentro y fuera de ti, como el testigo de todo.

La respiración completa

La respiración completa consiste en trabajar tanto con los pulmones como con todo el abdomen para lograr una respiración correcta y profunda.

Para aprender a dominarla conviene estar acostado en una colchoneta sobre el suelo. No conviene utilizar un lugar muy blando. Asegúrate que no serás interrumpido durante unos quince o veinte minutos.

Presta atención a tus pensamientos y deja que pasen como una las nubes: no te identifiques con ninguno, verás que son como nubes que vienen y van. Luego de unos minutos de relajación, coloca una mano en tu abdomen y la otra en el pecho, exhala suavemente todo el aire por la nariz vaciando completamente los pulmones.

Trata de mantener los pulmones vacíos por unos segundos y luego inhala lentamente inflando sólo el abdomen hasta llenar por completo la parte baja de los pulmones. Sin esforzarte, sentirás como el diafragma se expande hacia abajo para permitir que la región baja y media de los pulmones se llenen de aire.

Cuando exhalas el aire, aprovecha para vaciar todos tus pensamientos, imagina que se liberan también tus emociones y tensiones diarias. Contrae ligeramente el abdomen y poco a poco expulsa el aire.

Repite este proceso hasta que puedas llegar a un mínimo de diez minutos.

Con la mente vaciada de preocupaciones y el organismo vigorizado por el ingreso de oxígeno fresco, estarás en mejores condiciones de centrar tu atención en el aquí y ahora del sexo sagrado.

6

El poder del pensamiento en el Tao de la magia sexual

Las profundidades del placer

Cuando realmente abandones la duda podrás expandirte, y podrás ver a tu alma desnuda de emoción. Los dioses, con sus sonrisas, se pondrán a un costado para darte la bienvenida. Cuando toques el cielo con las manos y tu corazón fluya sobre la tierra, toda tu existencia tendrá verdadero sentido.

Un ritual observa pasos, contiene elementos que forman parte intrínseca de él. Para desarrollar la energía sexual ya hemos hablado de:

La relajación

La respiración

La meditación

Una visualización erótica

Otra práctica que nos ofrece una ayuda eficaz es la visualización, sumada a la capacidad para enfocar nuestra energía en el corazón.

> En estado de relajación, con conciencia casi meditativa, con el ojo de a mente comienza a visualizar el cuerpo de tu amante. Imagínalo con todos los detalles que puedas.
>
> Luego imagina cómo puedes darle placer, qué zonas erógenas debes estimular y cómo quieres hacerlo para que su estado de éxtasis sea total.
>
> Tómate unos instantes para visualizar con serenidad y con detalle cada uno de los pasos que quieres dar para satisfacer a tu amante, cómo responde su cuerpo, como va llegando al éxtasis.
>
> Notarás que se produce un estado de conexión interna en el cual te sentirás sumamente excitado. Tendrás un deseo profundo de tomar a tu pareja y llegar al acto sexual lo más rápido posible. Pero si lo haces, toda la estimulación y la ejercitación previa se perderá.

Para los hombres, lo más importante será controlar la eyaculación y compartir la magia de la energía sexual en forma cada vez más prolongada con su pareja.

La llama del corazón

Mientras mantienes el contacto sexual y el éxtasis se prolonga, enfoca tu conciencia en despertar la energía del centro cardíaco, una energía muy poderosa.

Según las escuelas orientales, en el centro del corazón se concentran tres rayos espirituales de suma importancia, compuestos de diferente luminosidad:

1. Luz rosa, directamente relacionada con el amor incondicional.
2. Luz azul, relacionada con el poder de la creación.
3. Luz amarilla, que representa la totalidad del ser.

Ritual de amor, poder y sabiduría

Continúas en estado de relajación, desnudo frente a tu pareja. Comienza a visualizar en tu corazón una llama triple que abarca los tres colores. Notarás que esta llama triple irradia luz como una antorcha de fuego hacia el corazón de tu pareja.

Cada uno de los amantes debe realizar el mismo ejercicio en forma simultánea, visualizando al otro envuelto en los tres colores que emanan del corazón. Si resulta difícil imaginarlos, observen una llama de fuego antes de realizar el ritual y podrán discriminar los tres colores y la luz que provocan.

Luego imaginen que ese mismo fuego o ardor sale del corazón y que la pareja lo recibe. De esta manera la unión provocada será más fuerte y total, antes y durante el contacto sexual.

7

La energía y el movimiento erótico y su armonía

Como una forma de yoga e inscripto dentro de la tradición hindú, el tantra también señala la importancia de saber cómo circula la energía vital dentro del organismo a fin de armonizar su circulación y desarrollar su poder.

El cuerpo es energía en acción, pero para desarrollar el poder de esta energía vital tenemos que conocer los puntos que la concentran y distribuyen.

Los orientales llaman "chakras" a estos puntos y señalan que cuando se bloquean, ya sea por estrés, problemas emocionales, inhibiciones, fobias o miedo al contacto, entre otras cosas, la vitalidad sexual de la persona disminuye considerablemente.

¿Qué son los chakras?

Son siete centros distribuidos a lo largo del cuerpo, conectados con las glándulas que regulan el normal funcionamiento de nuestro organismo. Cuando los centros funcionan mal, somos propensos a diversas enfermedades que afectan también las emociones y el comportamiento.

La meditación y la visualización ayudan a desbloquear estos centros y a armonizar su funcionamiento. El centro que corresponde a la energía sexual es el que generalmente se encuentra más bloqueado, por eso debemos estar alerta a este hecho antes de mantener una relación sexual.

¿Cómo desbloquear el centro de la sexualidad?
Mediante la localización, la relajación y el movimiento. Cuanto más aprendemos a relajarnos y a conocer nuestro flujo emocional o sexual, mejor podremos controlar nuestro poder personal y disfrutar de nuestras relaciones afectivas. Movilizar de manera suave y armónica las zonas del cuerpo por donde circula la energía sexual contribuye a conocerla y disfrutarla.

Aprende a disfrutar el ritmo erótico

El ritmo del placer se enlazó entre
nuestras piernas al ritmo de nuestras caderas.
Toda la noche nos fundimos
en una danza erótica como en un rito.
Brillábamos en la oscuridad por la dulce fricción
de la energía del amor.
Sorprendidos, descubrimos la salida del sol
mientras reflejábamos nuestra luz como si fuera la luna.

El objetivo de todo ejercicio de meditación es lograr estados singulares de conciencia que ayudan a descubrir cómo funciona la energía que libera el sexo en forma concreta. Las mejores técnicas para potenciar el ritmo sexual se inspiran en las escuelas chinas de manejo del movimiento y la energía vital, como el Chi Kung y el Tai Chi.

Estas técnicas buscan respetar, profundizar y estimular los ritmos naturales del cuerpo. Mediante diferentes movimientos en estado de relajación se puede controlar y aumentar la vitalidad y al mismo tiempo evitar que se fatiguen los músculos.

Ejercicio para preparar el ritmo sexual

Este ejercicio se puede practicar en forma individual o en pareja. Se practica de pie y caminando. Lo primero es lograr una relajación completa de nuestro cuerpo.

> La persona que medita debe centrar su atención en su flujo de energía combinando ritmos respiratorios con movimientos lentos que jueguen con el peso del cuerpo para lograr que los brazos y las piernas describan arcos en círculo.
>
> Luego, con las piernas separadas y levemente flexionadas, debe realizar movimientos pequeños, en forma consciente, para observar el reflejo de cada músculo y su conexión con la respiración, la circulación, y la relación directa con otra parte del cuerpo que a su vez se relaja o contrae para permitir el movimiento.
>
> Por lo general, los movimientos de expansión van acompañados de una inspiración y los movimientos de contracción se acompañan con la espiración. El fluir de los movimientos debe ser continuo y sin interrupciones.

El objetivo es lograr la "armonía del cuerpo y del espíritu" observando la respiración y la forma en que la energía circula por el organismo.

Danzando y gozando: los ritmos sexuales, paso a paso

El hombre y la mujer poseen distintos tiempos de respuesta sexual. Si deseas una máxima conexión amatoria con tu pareja, necesitas experimentar los diferentes ritmos: la gama que va de los ritmos eróticos salvajes a las cadencias más suaves y tiernas. Necesitas compatibilizar tus sensaciones con las de tu amante, hasta alcanzar la plenitud sexual.

El primer ritmo es el impulso sexual

Está directamente relacionado con la atracción del uno hacia el otro. Este ritmo está marcado por la seducción que cada uno provoque en su acompañante.

El segundo ritmo es la excitación

Este tiempo es espontáneo, se manifiesta con más lentitud en la mujer y, por lo general, más rápido en el hombre. Depende exclusivamente del juego erótico que se produzca en el primer ritmo. Personalizar nuestra fogosidad es importante para motivar las zonas erógenas de los amantes.

El tercero es el ritmo orgásmico

Es el resultado de los anteriores. Como en una danza, los amantes conservan una energía erótica de coincidencias, tanto instintivas como afectivas. En esta etapa se concentra el misterio del éxtasis del ritmo sexual y la sinfonía erótica desarrolla su rol protagónico.

El cuarto ritmo es la consumación

Es el efecto del máximo placer. En este nivel se logra una explosión infinita que atraviesa los límites de la satisfacción física y llega a despertar indescriptibles sentimientos en los amantes. Sólo se llega a este estallido de éxtasis con entrega mutua, siguiendo el ritmo amoroso. Cuando los amantes se adaptan a la repuesta sexual de su compañero, el acto sexual no concluye con el orgasmo. Por el contrario, luego de la descarga puntual la técnica logra realimentar el placer sexual.

El juego de espejos

Cuando los dos participantes de la relación erótica sienten que no han encontrado un ritmo placentero, pueden realizar el ejercicio del juego de espejos que los ayudará a apreciar las sensaciones y emanaciones químicas del otro. Es una técnica dirigida a pulir nuestra percepción, para que apreciemos mejor a nuestro amante como objetivo de goce.

1. Los amantes se intercambiarán los roles sexuales, de mutuo acuerdo. Este ejercicio se realiza a partir de imitar los movimientos que realiza naturalmente nuestro compañero durante el juego erótico. Primero, uno actuará el papel activo y el otro lo imitará. Esta técnica de imitación en espejo es, justamente, la que se aplica para aprender cualquier técnica de baile.
2. Lo maravilloso del ser humano durante la escena sexual es que puede adquirir y aprender diferentes experiencias conectándose con creatividad y placer. Realizando este ejercicio una vez por semana y luego cada mes, se logran resultados asombrosos.

La pareja que encuentra su propio ritmo transforma la sexualidad en el verdadero arte de amar.

8

Aprender a movilizar la sensualidad para entrenarse en la danza erótica

Técnica para preparar la danza erótica

La preparación para la danza erótica lleva aproximadamente una hora y contiene cuatro pasos. Es importante utilizar una música fuerte y vibrante pero sin letra, para evitar asociaciones mentales y recuerdos. El objetivo de este ejercicio es provocar el silencio mental.

Primera parte

De diez a quince minutos: Relájate y deja que tu cuerpo se agite. No sientas inhibición alguna. Siente cómo asciende la energía desde tus pies por tu cuerpo.

Abandona tu cabeza y entrégate, muévete por dónde desees y siente que tu cuerpo y tu movimiento son uno solo. Puedes hacerlo con los ojos abiertos o cerrados.

Segunda parte

De 10 a 15 minutos: Danza en forma espontánea como cuando eras un niño. Deja que tu cuerpo te conduzca dentro de ese ritmo espontáneo.

Tercera parte

Cierra los ojos y quédate quieto, ya sea sentado o de pie. Lo importante es que observes cualquier cosa que ocurra en tu interior: agitación, calma, cosquilleo o excitación.

Cuarta parte

En quietud y con los ojos cerrados, observa el flujo de tu energía vital luego del movimiento. Realiza respiraciones cada vez más lentas, hasta sentir el éxtasis total con esta danza natural de tu cuerpo.

Si la danza se realiza en pareja, lo ideal es que los amantes busquen coordinar sus ritmos. Se pueden tocar y, con las piernas separadas, mover suavemente las caderas en coordinación mutua.

9

El orgasmo explosivo

Ya hemos explorado diversos elementos para lograr una relación sexual y espiritual intensa. Todos estos elementos constituyen pasos que nos ayudan a regular la relación amorosa y sintonizar tanto con nuestros propios ritmos como con los de la pareja. Los pasos también conducen al logro del orgasmo explosivo.

Antes de lograr el orgasmo explosivo, sería muy placentero masajear con suavidad a tu pareja, con un líquido o crema suavizante, en la parte baja de la espalda, la columna y la superficie interior de brazos y piernas.

En los hombres, una parte muy sensible es la zona central de los pies. El hígado, que controla y libera la sangre adicional necesaria para la erección, se beneficia de esta manera directamente.

¿Cómo lograr la explosión?

Para equilibrar la actividad amorosa, el hombre debe apropiarse de los fluidos femeninos. La disciplina sexual taoísta enseña a los hombres la "Gran Liberación de los Tres Picos".

Esta significa que el hombre debe absorber las secreciones de la lengua y labios de la mujer, de sus pechos y de su vagina o monte de Venus. El hombre debe lamer estas secreciones porque, según los taoístas, son muy saludables. El amante debe estimular con su lengua la zona de la boca, los pechos, la parte superior de la pelvis y dentro de la vagina de la mujer.

¿Cómo reconocer los signos que favorecen el goce sexual de la mujer?

Los practicantes del tao del amor afirman que es posible conocer el grado de placer femenino develando "Los Cinco Signos". Si el amante presta atención a cada uno de ellos, sabrá realizar el movimiento adecuado en el momento oportuno.

1. Cuando el rostro de la mujer se ruboriza y sube la temperatura de su cuerpo, su pareja deberá a empezar a jugar suavemente.
2. El hombre debe penetrar a la mujer cuando observe que se le endurecen los pezones y se desprenden pequeñas gotas de sudoración en torno de su nariz.
3. Cuando él perciba la sequedad de la garganta y labios de ella, deberá agitarse con más vigor.
4. Cuando la lubricación femenina se vuelva resbaladiza, el hombre debe lograr la explosión profunda; es necesario que no detenga el movimiento de la pelvis mientras dure la penetración. Debe apretar con suavidad el cuerpo de la mujer contra el suyo, pero cada vez con más insistencia.
5. El último signo será la secreción de un líquido viscoso en los muslos de la mujer. Esto indicará que ha alcanzado la marea alta de la explosión orgásmica. Es momento para que el hombre comience los ejercicios de respiración a fin de retener por más tiempo la eyaculación, lo cual permite variar las posiciones en busca del placer supremo.

10

El cuerpo y sus colores

El tao del sexo y sus colores

Si llenas tu vida con los colores adecuados lograrás modificar tu percepción del mundo y de tus afectos y mejorar notablemente cada experiencia sexual.

El sexo y los colores

Desde tiempos inmemoriales se han realizado rituales sexuales utilizando diferentes elementos de apoyo: desde velas de diferentes colores a vestuarios especiales cuyos colores, texturas y estilos variaban según el origen del ritual.

Nada escapa al poder del arco cromático. En la vida cotidiana pocas veces dejamos librada al azar la elección del color con que pintamos cada ambiente del hogar ni desconocemos la energía que emiten los colores de los cristales y piedras que se lucen en aretes u otras joyas.

En la actualidad la cromoterapia estudia y sistematiza el efecto de los colores sobre las personas. Utilizando algunos de sus hallazgos es posible restablecer el poder natural de nuestros centros energéticos por medio de la visualización de colores específicos o utilizando iluminación de colores orientados a reforzar nuestras zonas erógenas.

"Según el color con el que se mire": éste lugar común tiene su cuota de verdad. Los colores no son otra cosa que rayos de luz reflejados o emitidos por los objetos que vemos con los ojos. Esta radiación luminosa tiene la capacidad de influir en forma curativa a través de los diversos canales de energía de nuestro cuerpo.

De la misma manera, el trabajo interno y externo con los colores modifica nuestra disposición y las "ondas" que emitimos.

¿Para qué sirve visualizar cada color?

Amarillo: Es un estimulante natural de las emociones. Ayuda a armonizar y materializar los deseos.

Azul: Es un color frío y, como tal, contribuye a nivelar los grados de ansiedad y a controlar los ataques de atracción sexual obsesiva.

Blanco: Se utiliza en los rituales de purificación, relacionado con la limpieza que antecede a una relación sexual o a una unión amorosa.

Celeste: Un gran generador espiritual. Magnetiza el entorno de las personas atrayendo estados de paz, protección y seguridad.

Gris: Color neutro por excelencia, el gris sirve para crear ambientes propicios para entender más fríamente lo que nos sucede.

Marrón: Asociado con la constancia y la amistad de quienes nos ayudan a crecer espiritualmente. Se puede utilizar para concretar una relación sexual conflictiva.

Naranja: Tiene efectos sedantes y actúa directamente sobre el sistema nervioso central aumentando la capacidad de concentración.

Negro: Color que absorbe la luz. Se lo asocia con la energía femenina, con el lado oscuro del símbolo del Tao, pero su efecto puede ser diferente según se utilice.

Rojo: Simboliza el poder sexual. Acrecienta el erotismo, brinda fuerza y resistencia. Llena la sangre de oxígeno y la limpia de toxinas.

Rosado: Conserva el amor en las relaciones sexuales, integra el amor con la pasión erótica en un vínculo.

Verde: Color asociado con la naturaleza y la energía viviente. Sus vibraciones hipnóticas brindan calma a todo el organismo y la psique.

Violeta: Corresponde a la manifestación del espíritu, por lo que es el color de la transformación de las emociones y pensamientos negativos.

Placer multicolor

Cuando piensas en dos amantes jamás te los imaginas vibrando juntos en blanco y negro. A ti, ¿qué color te excita?

Los colores producen una vibración energética que actúa en diferentes planos. Pero hay algo más que un juego cromático en el arte de hacer el amor. La culminación del placer está marcada por una variedad de colores que sólo sienten aquellos que se animan a experimentar con sus diferentes matices.

Los colores y la motivación sexual

Los colores expresan estados anímicos y emociones que se conectan directamente con significaciones psíquicas concretas. También ejercen una clara acción fisiológica. Cuando tenemos problemas con nuestra pareja por falta de deseo sexual o porque no hay buena química erótica, podemos utilizar distintos colores para aumentar al máximo el placer.

La práctica más común consiste en utilizar los colores como parte de la decoración ambiental. Por ejemplo, para los momentos de placer se puede colocar una luz de un color especial. El rojo significa pasión, vitalidad y fuerza. El naranja es una fuente de refrescante energía, sirve para los problemas de comunicación y además aumenta la conexión física. La utilización de diferentes rojos y otros colores vivos en la ropa íntima acentúa aún más las formas femeninas.

Impacto a la vista

Un punto a tener en cuenta es cómo nos preparamos para el ritual de la pasión: qué ropa elegimos, qué maquillaje u otro complemento utilizamos antes de hacer el amor. Ciertas combinaciones de colores continúan su efecto en la mente de nuestro amante luego del momento íntimo, en forma subliminal.

Estos colores provocan el mismo magnetismo que los utilizados para controlar el tránsito urbano. Son colores que deben sobresalir visiblemente de lo que nos rodea para aumentar la concentración de nuestro amante en nuestro cuerpo y en la situación. Las combinaciones pueden ser:

Negro y amarillo

Verde y blanco

Rojo y blanco

Azul y blanco

Cualquiera de estas combinaciones de colores que incorporemos en la ambientación donde transcurrirá el momento íntimo aumentará el impacto visual, desde las sábanas a algún accesorio para el cuerpo. Cuando existen problemas de pareja, el primer impacto de un cambio puede atraer interés, curiosidad y luego excitación.

El círculo interno y sus colores

El ser humano es un conjunto de energías tan vibrantes como los colores. Antes de comenzar el juego sexual, si tenemos una relación positiva con nuestra pareja, resulta efectivo concentrarnos en un círculo energético de protección. Ya desnudos, ambos miembros de la pareja pueden visualizarse envueltos en un espiral de color según el efecto que deseen lograr.

11

Visualizar el placer divino

El sexo puede ser alegre,
pero solo amar constituye un verdadero deleite.

Visualizando el placer divino

Para explorar el placer más allá de lo conocido se pueden utilizar las infinitas dimensiones energéticas de este ejercicio de visualización:

Primer paso

Relajar totalmente el cuerpo y llevar la respiración a la serenidad total.

Segundo paso

Imaginar una luz blanca que penetra desde la cabeza.

Tercer paso

Visualizar los centros energéticos del cuerpo con sus colores correspondientes como rayos de luz que se abren y desbloquean.

Cuarto paso

Sentir que cada centro esta conectado entre sí y terminar el ejercicio con la sensación placentera que despierta la armonía de cada color.

Si practicamos este ejercicio todos los días durante unos minutos, el cambio será instantáneo y el estado general de nuestro cuerpo mejorará de manera notable. Podremos observar un cambio en la relación de pareja en el plano afectivo y sexual.

Cuando despertamos nuestra energía interior, la expresión del placer es total, sin límites.

12

Cómo llegar al núcleo del éxtasis

Algunas reglas del tao del amor y el sexo

Hacer el amor es uno de los ejercicios más saludables y beneficiosos para el cuerpo humano, pues requiere un esfuerzo similar al del deporte y, por lo tanto, produce los mismos efectos: da forma a los músculos del abdomen, aumenta la capacidad pulmonar, mejora el flujo sanguíneo y los intercambios hormonales.

En un libro erótico de la dinastía Ming se dice que el hombre debería penetrar unas mil doscientas veces a la mujer antes de obtener la satisfacción. En tiempo esto significa alrededor de cuarenta minutos de acto sexual. Si lo pensamos desde el punto de vista del esfuerzo físico, mantendría en muy buena forma a cualquier persona.

El contacto y la comunicación amorosa son de vital importancia para todos los seres humanos. La felicidad y el bienestar que produce una relación sexual son un sentimiento casi imposible de encontrar en la práctica de otras actividades. Las caricias y las palabras suaves son instrumentos que brindan grandes beneficios como parte de la interacción en una pareja. El tao del amor recomienda:

1. Antes de hacer el amor, crear una atmósfera adecuada para ello.
2. Relajarse y vaciar la mente para enfocarla sólo en las caricias y palabras estimulantes.
3. Estimular sin prisa las zonas sensibles de la pareja e invitarla a hacer lo mismo.
4. Cambiar de posición cada 10 minutos.
5. El número de veces que se haga el amor a la semana puede variar, pero sólo se debe tener una eyaculación en los siete días.

13

Preparación para el verdadero Kamasutra

El verdadero sentido del Kamasutra

El *Kamasutra*, escrito en la India entre los siglos III y V y atribuido al sabio Vatsyayana, combina los mecanismos sexuales taoístas recogidos en los libros de alcoba chinos con los métodos de seducción descritos por el poeta romano Ovidio. Es posible que tomara elementos de ambas fuentes, aunque el *Kamasutra* pone más énfasis en el amor —distinguiéndolo del deseo y la pasión— que Ovidio y los chinos. Vatsyayana interrumpe constantemente sus descripciones de las técnicas sexuales o de seducción para insistir en que las reglas no se aplican a los enamorados, que sólo tienen que dejarse guiar por su instinto.

La mayoría de las personas asocia el *Kamasutra* con múltiples posiciones para desarrollar el acto sexual, una mezcla de acrobacia y pornografía. Para Oriente, en cambio, el verdadero sentido del *Kamasutra* está muy lejos de esa idea puramente gimnástica.

Tanto desde la perspectiva del tao del amor como para el tantra, toda unión sexual es sagrada, reproduce el acto creador último, la unión de los principios cósmicos masculino y femenino, la causa del universo creado y manifestado. El contacto sexual, por trivial que sea, es sagrado, cósmico, aun cuando quienes lo llevan a cabo lo ignoren.

El *Kamasutra* propone una variedad de asanas o posiciones de yoga con un sentido ritual. Al hacerlo pretende "divinizar" a la pareja y su sexualidad. Sin este componente espiritual pierde su sentido ritual.

Las posiciones no sólo buscan la voluptuosidad sensual, sino también facilitar la meditación en pareja. Algunas posiciones permiten prolongar la unión sexual a veces hasta dos horas sin necesidad de moverse mucho para no perturbar la interiorización del acto sexual divino. A menudo la comodidad es tal permite una relajación física y mental total que lleva a estados de conciencia diferentes.

Las asanas también favorecen los intercambios magnéticos y de energía vital, y facilitan el control de la eyaculación. A este respecto el tantra descarta, al menos al principio, la posición más usada en Occidente comúnmente llamada "del misionero" (Uttana bandka en sánscrito), en la que el hombre está tendido sobre la mujer. Esta posición, según los sabios, no facilita el control seminal.

La razón de las posiciones

Vamos a tratar de comprenderlo mediante un ejemplo. Comencemos por invertir la posición del misionero, colocando a la mujer arriba. La ventaja de esta variación es que la mujer (que representa a la diosa) tiene la iniciativa de los movimientos y controla la experiencia. El hombre, por su parte, si bien está casi inmóvil, puede relajarse y abandonarse mejor.

Esta posición permite también la unión invertida, en la que el hombre adopta exactamente la pose usual de la mujer; acostado de espaldas con las piernas separadas; la mujer, en cambio, ejerce el papel del hombre en la unión usual y mantiene sus piernas apretadas. De esta manera el hombre puede identificarse con la energía femenina y puede comprender mejor a su pareja.

14

El Kamasutra, el arte de ser buenos amantes

Filosofía del Kamasutra

El *Kamasutra* advierte que si bien describe formas para obtener y provocar mayor placer, es la armonía la que une a la pareja.

Esta armonía se produce cuando hombre y mujer viven como un solo cuerpo y una sola alma. De esta manera sus buenas acciones serán un ejemplo para todos aquellos que los conozcan, y por eso serán dichosos en este mundo y en el venidero.

El principal motivo de separación de un matrimonio y la causa que empuja a la infidelidad es la falta de placeres variados y la monotonía que se establece en la vida íntima, que no llega a contrarrestar la rutina de la vida en pareja.

Los Sesenta y Cuatro

Sesenta y Cuatro (*Chatushshashti*) se denomina la parte de las Escrituras Sagradas que trata sobre la unión sexual. Muchos dicen se llama así debido a que tiene sesenta y cuatro partes, pero otros dicen que tiene sólo ocho partes subdivididas a su vez en otras ocho. Estas partes son:

1. la caricia
2. el beso
3. el arañazo
4. el mordisco
5. la unión sexual
6. los gritos eróticos
7. la mujer que asume el papel masculino
8. la unión oral

Vatsyayana pensaba que el nombre es obra de la casualidad y la costumbre, pues los Sesenta y Cuatro contiene más de ocho secciones, como la conducta del hombre durante el acto amatorio o los distintos métodos de unión sexual.

A modo de ilustración veamos un ejemplo. El primer tema tratado es el abrazo. Este contacto corporal refleja la alegría de un hombre y una mujer unidos por el amor. Según las escrituras antiguas hay cuatro clases de abrazos.

El más elemental es el *Abrazo del Tacto*. Se produce cuando un hombre siente la mordedura del deseo y entonces toca el cuerpo de una mujer con el suyo, utilizando alguna excusa.

Cuando una mujer se agacha para recoger un objeto del suelo y sus pechos tocan sutilmente el cuerpo de su amante y éste los acaricia con la mano, se denomina *Abrazo de la Penetración*. Estas dos clases de abrazo son utilizadas únicamente por amantes que no están seguros de sus sentimientos e intenciones hacia el otro.

Si dos amantes se pasean por un jardín sombreado y plácido, y rozan sus cuerpos suavemente, se llama *Abrazo de Fricción*.

Por último, cuando uno de los amantes oprime con fuerza y pasión el cuerpo del otro, se conoce como el *Abrazo de Presión*. Estas últimas dos formas de abrazo son usadas sólo por quienes han sucumbido a los placeres de Kama, y están dispuestos a internarse juntos en el tormentoso mar del deseo.

Las reglas

Las reglas de la vida que fueron fijadas por el Señor de los Seres cuando creó al hombre y a la mujer son Dharma, Artha y Kama.

El Dharma corresponde a la adquisición del mérito religioso. Todas aquellas leyes que se refieren a la vida religiosa forman parte del Dharma.

El Artha se relaciona con las adquisiciones materiales, como propiedades, tierras, joyas, y dinero. De observar esta disciplina depende el tener grandes riquezas o vivir en la pobreza.

Por último está el Kama que se refiere a todo lo que abarca el amor, el deseo, el placer y la sexualidad. El *Kamasutra* es la colección de los Aforismos del Amor. En la India, se supone que todo hombre debe leer el *Kamasutra* antes de casarse.

El estudio de estas tres reglas de la vida llevan al ser humano a alcanzar la plenitud y la armonía y de esta manera llega a conocer la felicidad. Para que el aprendizaje sea integral se deben practicar las tres sabidurías. Cuando falta una de las tres el proceso queda incompleto.

Por este motivo el *Kamasutra* no es sólo sexo como se lo ha querido ver en Occidente, sino que incluye formas y leyes de conducta apropiadas que tanto el hombre como la mujer deben conocer, no sólo con el objetivo de ser expertos en el Kama, sino porque el conocimiento de estas artes los llevarán a superar cualquier situación, en cualquier lugar y circunstancia.

PARTE II

La realización del amor

15

El arte de la sexualidad sagrada y su práctica

La unión

Dentro del amplio panorama del yoga, el tantra yoga es una de las disciplinas más antiguas. Muchos sostienen que el tantra se encuentra en el origen de todo el yoga, pero no hay acuerdo al respecto y lo cierto es que los orígenes de estas tradiciones milenarias de la India se pierden en la niebla de la historia.

La palabra "yoga" proviene de la raíz sánscrita "yug", que significa "unión". El yoga trata de las uniones dentro de la evolución humana hasta la fusión total con la Entidad Cósmica o la Divinidad. Esta "unión" es como mezclar agua con azúcar: por separado ambas cosas tienen sus propias características, sabor, color y aspecto. Pero cuando se mezclan pierden sus diferencias, obtenemos agua dulce: el agua está azucarada y el azúcar se ha licuado. En otras palabras, cuando dos entidades se fusionan pasan a ser una unidad. Yoga significa la unificación última entre el microcosmos y el macrocosmos.

El tantra es el método práctico para que la luz divina se manifieste dentro de cada corazón en este mundo material. Tantra no separa la vida material de la espiritual, pues sería como dejar siempre separados el agua y el azúcar. Un ser humano sin su chispa divina no es un ser humano completo, y es ahí donde yace el secreto más bello de todos.

Ejercicios del tantra yoga para una unión sexual maravillosa

El tantra yoga contempla la unión sexual como una unión entre cuerpo y alma, principios masculino y femenino, sexualidad y espiritualidad.

Para el tantra, el órgano sexual más importante es la *mente*.

Para disfrutar de una vida sexual plena es preciso atender a los aspectos psicológicos tanto como a los físicos, pues la mente juega un rol preponderante en las relaciones humanas. Los ejercicios respiratorios, el yoga, la alimentación adecuada y una buena actitud hacen la diferencia.

Cuantas más personas entiendan esto, más serán las que abandonen el consumo de estimulantes. La practica del yoga o de las diversas gimnasias taoístas es un poderoso activador sin costo ni efectos secundarios, aceptado por la moderna sexología, que confía en los ejercicios milenarios desarrollados por el tantra y el taoísmo.

Prácticas milenarias

A continuación detallaremos algunas prácticas que contribuyen a desarrollar la plenitud en la vida sexual.

Respiración primaria

Nos colocamos "en cuatro patas", con las manos y las rodillas apoyadas en el piso. Al inhalar, levantamos la cabeza, arqueamos la espalda hacia abajo y sacamos el vientre hacia fuera. Al exhalar, arqueamos la espalda hacia arriba, bajamos la cabeza y hundimos el vientre. Podemos acerca la pelvis al suelo. La respiración debe ser lenta, no forzada, natural, acompasada por el vaivén del abdomen.

Luego nos acostamos sobre la espalda y descansamos. Podemos llevar una mano a la zona del estómago para observar los movimientos del diafragma al respirar.

Respiración genital

Boca arriba sobre el piso, flexionamos las piernas y apoyamos los pies firmemente sobre el suelo. Esta consiste en una respiración abdominal lenta y profunda en la que se impulsa al vientre hacia adelante durante la inhalación y se retrae durante la exhalación.

Respiración en cuclillas

Nos ubicamos en cuclillas, con los talones firmes en el piso y las palmas de las manos o las puntas de los dedos apoyados en el suelo. Los brazos se colocan por dentro de las piernas. Nos concentramos en el movimiento cadencioso de la respiración abdominal.

Durante la inhalación llevamos el vientre adelante y lo retraemos al exhalar. En cada exhalación abrimos las piernas, imaginando que expulsamos el aire al exterior por los genitales. Luego las piernas se cierran suavemente para una nueva inhalación.

Respiración con movimiento de pelvis

Descansando boca abajo sobre el piso, con los brazos estirados hacia delante, las piernas pegadas al suelo y los dedos de los pies bien apoyados, respiramos lenta y profundamente con el abdomen, gozando de la sensación y empujando la pelvis hacia adelante.

No es necesario practicar los mismos ejercicios todos los días.

Ejercicios clásicos del tantra yoga

A continuación detallaremos algunas prácticas que contribuyen a desarrollar la plenitud en la vida sexual.

La flor

Este ejercicio contribuye a cerrar el perineo o zona pélvica, que empieza en el ano y termina en los genitales. Es excelente para tonificar el esfínter anal, previniendo hemorroides u otras molestias al activar la circulación sanguínea, también estimula el sistema urogenital. En las mujeres fortifica las paredes de la vagina, evitando las posibilidades de la anorgasmia. En el hombre reduce la posibilidad de eyaculación precoz e impotencia.

El hombre debe sentarse sobre el suelo con la espalda erguida. Las manos descansan con las manos palmas hacia arriba en la parte anterior de las rodillas.

Primero se concentra en la región anal ejerciendo presión sobre los glúteos. Comienza con una inhalación no demasiado profunda y contiene el aire en el pecho mientras contrae suavemente el ano hasta lo máximo posible. Luego extiende la contracción anal hacia adelante hasta sentir un suave tirón en los testículos dentro del saco escrotal. Al soltar el aire afloja la contracción y se relaja.

La mujer procede igual, pero extiende la presión ejercida sobre el ano hacia adelante, hasta sentir un ligero tirón en los labios de la vagina.

La estrella

Este ejercicio aumenta la sensibilidad del clítoris (la estrella) en las mujeres y potencia la erección en el varón.

Beba varios vasos de agua con el estomago vacío. Al cabo de una hora orine deteniendo y dejando salir la orina por lo menos diez veces hasta que la vejiga quede vacía.

Luego nos sentamos como en la posición anterior, pero esta vez concentrados en el orificio de la uretra. Tras una inhalación mediana contraemos el orificio uretral igual que cuando queremos detener el flujo de la orina al exterior.

Luego relajamos la contracción y expulsamos el aire hacia afuera lentamente.

En ambos ejercicios las contracciones deben repetirse tantas veces como sea posible con la misma retención del aire. Esto aumentará lae presión sanguínea en el área, que presentará una leve excitación sexual.

Estos ejercicios son de gran importancia para que el hombre aprenda a retrasar y retener la eyaculación, para poder permanecer más tiempo dentro de la mujer y favorecer que ella tenga múltiples orgasmos.

Los ejercicios deben realizarse a diario comenzando con diez repeticiones de cada uno de ellos y aumentando cinco más cada semana hasta alcanzar un máximo de sesenta.

16

El placer de una buena relación

¿Cómo lograr una buena relación sexual?

Para los taoístas, el verdadero factor que une a una pareja es la sexualidad plena. Por eso es importante lograr una profunda conexión mental y espiritual, tanto con nuestra pareja como con nuestro interior.

Pasos para lograr el placer

Empieza a estimular las zonas erógenas. Las primeras caricias deben comenzar por las extremidades del cuerpo. Es aconsejable que no se empiece por la zona de los genitales, porque muchas veces esto provoca cierta inhibición sexual y se desaprovecha la energía de los puntos más estimulantes.

La pareja debe hacerse masajes mutuos en las manos, muñecas, pies y tobillos. Luego ascenderán por brazos y hombros hasta llegar al pecho. Seguirán por las piernas y los muslos hasta alcanzar el vientre.

Si este acto lo hace el hombre, es importante que después lo realice la mujer de la misma manera, porque estas rutas representan los principales meridianos de energía.

Los masajes resultan muy estimulantes, especialmente si se realizan con algún tipo de aceite o crema muy hidratante. Los amantes deben concentrarse en una luz rosa mientras los realizan. Todo lo que permite sorprendernos y sorprender a nuestro amante es lo que diferencia una pareja mágica de una relación sexual común.

Según la acupuntura, la zona que irradia para lograr un mejor fluido y lubricación en la mujer se encuentra a unos ocho centímetros por encima del tobillo. Este punto estimula el despertar de la diosa.

Los estímulos sensoriales se acompañan con la visualización del corazón y una concentración total en el placer sensorial.

Poco a poco y sin ningún tipo de presión surgirá el impulso de desplazar las caricias muy suavemente hacia los órganos sexuales.

Para la mujer será muy importante el estímulo de ciertos lugares en forma permanente, como el clítoris y el punto G.

La concentración disciplinada del hombre permitirá retardar la eyaculación y por lo tanto mantener la erección por más tiempo.

17

La inteligencia erótica

El erotismo es inteligente

Cuando una persona toca el cuerpo de otra, el cerebro recibe estímulos sobre más de medio millón de detectores que decodifican la información acerca del objeto acariciado. En una relación sexual, nuestro cuerpo está estimulado por completo. ¿Cómo aprovechar eróticamente esa información a nuestro alcance?

Entrenamiento de la inteligencia erótica

Durante el contacto sexual, la concentración nos ayuda a reconocer las diferentes texturas del cuerpo, que pueden ser infinitas y sutiles. Habrá espacios inexplorados: suaves, ásperos, flexibles, húmedos, fríos, calientes, firmes, delicados, delgados, gruesos. Es importante ejercitar todos los sentidos para gozar del sexo en forma creativa y concreta.

El toque a ciegas

Para ejercitar el tacto, antes de hacer el amor la pareja puede hacer el siguiente ejercicio:

Tomen un pañuelo y tápense los ojos, poniendo toda la atención mientras se acarician. Este ejercicio de investigarse a ciegas despierta el sentido del oído y ayuda a escuchar excitantes susurros.

Darnos el gusto

Existen alrededor de diez mil papilas gustativas que sirven para discriminar los diferentes sabores. ¿Cómo funcionan? Dentro de la boca, los detectores gustativos están organizados: los gustos ácidos se registran a los lados de la lengua. Los amargos, en el fondo. Los salados se perciben en la superficie y los dulces, en la punta. El cuerpo emana diferentes sabores durante el beso. El reconocimiento de cada sensación genera mayor satisfacción o éxtasis durante el acto sexual.

Cambiar de posición

El cambio de posición durante el acto sexual es muy estimulante, pero si los amantes no los realizan con suficiente profundidad e inteligencia erótica, se convierte en puro atletismo sexual.

Olfato y tacto

Ponemos en agua los pétalos de una flor, como jazmín o rosa, y esperamos que se diluyan entre los dedos creando un perfume sensual instantáneo. Con ese aroma impregnado en las manos se puede tocar al amante hasta embriagarlo.

Gusto, oído, tacto y vista

Mientras la pareja se detiene un instante antes de cambiar de posición, pueden tomar algún alimento que contenga sabores que resulten estimulantes. Pueden comerlo, observarlo y degustarlo, escuchando los sonidos dentro de la boca. Además, si ese alimento se coloca sobre el cuerpo, surge una extraña y estimulante sensación. Los alimentos pueden ser variados: miel, crema, chocolate, vino espumante; lo importante es permitirse jugar.

Utilizando la inteligencia erótica y la creatividad en cada acto sexual podemos aprovechar toda la capacidad del cerebro, y convertirnos en "genios del arte de hacer el amor".

18

El Tao sexual y el multiplacer

Multiorgasmos: deleite multiplicado

¿Es posible extender los límites del placer y conseguir más de un orgasmo en cada performance sexual? Revelamos las reglas de oro para conocer los secretos de la multiorgasmia femenina y masculina.

La excitación sexual puede provocarse por varios factores: en forma involuntaria, como resultado de fantasías e imágenes sexuales o por estimulación directa por contacto físico.

El primer signo que aparece en el organismo cuando una persona se excita es la concentración rápida de la sangre hacia la superficie del cuerpo. La potencia sanguínea se acumula en las zonas erógenas: el pene, el clítoris y la vagina. Esto produce en el hombre la erección del pene y en la mujer la lubricación vaginal.

Para llegar al placer total, la pareja debe iniciar la relación en forma consciente. Cuando el hombre recibe un estímulo sexual, libera naturalmente en su cuerpo una sustancia que provoca la relajación y posterior erección del pene. El hombre debe aprender a mantener el estado de relajación para no llegar a la eyaculación. La mujer desarrolla una mejor calidad orgásmica cuando el hombre logra mantener la erección por más tiempo.

El camino directo al orgasmo múltiple

Para multiplicar la satisfacción, el primer paso es concentrarse en todo el cuerpo y comenzar a relajarse para generar una química perfecta. Con la práctica, ambos amantes podrán sentir cómo cada parte del cuerpo tiene diferente sensibilidad, y descubrirán que no existe una zona donde no se pueda disfrutar intensamente del contacto con el otro. Cuando se estimula la piel con caricias, masajes o besos el cuerpo vibra como un espacio erógeno en su totalidad: éste es el principio que va enriquecer la experiencia erótica. Lo importante es saber que con la técnica y el conocimiento necesario del cuerpo, los hombres y mujeres pueden conseguir experiencias multiorgásmicas.

Distintas formas de placer

El mecanismo del orgasmo se puede explicar como una explosión liberadora de energía sexual. Esta explosión provoca la contracción muscular de todo el cuerpo y la posterior relajación. La frecuencia temporal de las contracciones musculares es de décimas de segundo, en ambos sexos.

El orgasmo único

Consiste en una descarga sexual fisiológica que provoca placer en ese momento puntual. En ambos sexos puede inducirse a través de técnicas de masturbación, sin necesidad de la participación de otra persona. La duración es de entre dos y diez segundos.

Los orgasmos múltiples

Este estado de placer se genera a partir de una relación donde la pareja realizó una estimulación corporal correcta. Se multiplica la experiencia de cada contracción corporal, con descansos de dos a diez minutos en los hombres. En las mujeres pueden ser más continuadas, con distinta intensidad y regularidad.

Los orgasmos encadenados

Es una secuencia de orgasmos continuos al punto de que constituyen un largo orgasmo único, compuesto de seis a doce orgasmos sin pausa. En el caso del hombre la eyaculación se da sólo en el último período de estas contracciones orgásmicas. En la mujer, una vez que comienza no se detiene la liberación del placer. Cuando la mujer controla el orgasmo encadenado, depende de ella cuándo desea finalizar la sesión erótica. El control del orgasmo dependerá del aspecto psicológico y emocional, siempre que la mujer haya logrado alcanzar este estadio máximo de placer.

Período refractario

Es el período de tiempo de descanso que existe después de un orgasmo: es el tiempo que necesita el cuerpo para recuperarse de la descarga orgásmica y volver a excitarse. En el caso de las mujeres, esta fase puede abarcar entre uno y diez minutos, según la estimulación apropiada del amante. En los hombres, la etapa refractaria dura más tiempo, entre catorce a veinte minutos, y depende de la propicia motivación de su pareja. Los tiempos también dependen de la edad de los amantes, la práctica que tengan y la experiencia que hayan hecho juntos.

El placer sexual es ilimitado cuando se libera la mente a través del conocimiento verdadero de todo nuestro poder sexual.

19

Las posiciones del Kamasutra

El yoga sexual

Las posiciones del *Kamasutra* estimulan la imaginación y profundizan el placer. En las siguientes páginas las explicaremos.

A diferencia de los libros de alcoba chinos donde los métodos adquieren importancia, el *Kamasutra* se dedica a catalogar la relación sexual con asombrosa meticulosidad en los detalles y posturas, pero deja amplio espacio a la espontaneidad, que se inserta en el reino de la espiritualidad.

La carretilla

La pareja se dispone a realizar el acto sexual al borde de la cama. La mujer apoya los antebrazos en la cama mientras es "levantada" de las piernas por el hombre, quien al ubicarse de pie detrás de ella la penetra sosteniéndola de los muslos.

El estímulo y el placer se concentran en los genitales de la pareja, pero es el hombre quien lleva el ritmo de la relación, atrayendo el cuerpo de ella hacia el suyo.

Las piernas de ella pueden cerrase o abrirse con amplitud, según lo prefiera la pareja, que puede ir alternando el ángulo. La variedad de movimientos —circulares, ascendentes y descendentes— que permite esta postura es asombrosa y muy excitante. Las sensaciones son intensas.

La carretilla

La hamaca

Para realizar esta postura es recomendable que el hombre se siente sobre una superficie dura (no la cama) con las piernas flexionadas y se tome la parte posterior de sus rodillas. La mujer, con las piernas abiertas, se entrega a sus brazos y se deja penetrar acomodándose en el espacio que queda entre las piernas de él y su tronco. Los brazos del hombre rodean las piernas de ella.

El hombre presiona con las rodillas el cuerpo de su compañera, la atrae hacia sí provocando el vaivén de los cuerpos mientras le besa los pechos que están a la altura de su rostro. Este placer de sentir el estimulo pectoral es delicioso para la mujer y apasionante para el hombre. La mujer con el cuello inclinado hacia atrás, en gesto de sumisión, disfruta del increíble placer que le brinda su compañero.

La hamaca

El molde

Con las piernas juntas y recogidas la mujer se tiende de costado y relaja su cabeza hacia atrás mientras él la penetra, ya sea por la vagina o por el ano. Esta es una excelente posición para el sexo anal. La mujer que se atreve a vivir esta experiencia del placer anal puede completar e integrar su cuerpo como un perfecto universo para amar y gozar sin detenerse en la calidad y cantidad de erotismo.

Los movimientos deben ser suaves y coordinados y la penetración lenta y profunda. Ambos cuerpos se amoldan como dos piezas perfectas de un rompecabezas. Las piernas juntas y apretadas de la mujer pueden ejercer una presión ideal sobre el pene y al mismo tiempo provocar una placentera fricción del clítoris.

Esto último la convierte en una postura es ideal para mujeres que tienen problemas para alcanzar el orgasmo. Sólo tienes que relajarte y gozar a pleno.

El molde

El trapecio

El hombre se sienta con las piernas abiertas y su compañera, arriba de él, se abre a una penetración lenta sintiéndose plena y entregándose a que su amante la complete.

El hombre la toma de las muñecas mientras siente un goce dominante hacia ella. Entonces se va relajando hacia atrás hasta caer por completo. Es importante que la mujer permanezca relajada y se entregue a la fuerza de su compañero, que la atrae a su cuerpo con sus brazos provocando la embestida necesaria para el acto amatorio.

El trapecio

La postura combina varios movimientos. Requiere liviandad y entrega relajada por parte de la mujer, y fuerza y habilidad en el hombre. Ambos se equilibran y complementan.

Esta postura es ideal para cambiar la rutina y probar nuevas emociones. Luego de experimentarla, será imposible decir no al acto sexual.

El espejo del placer

Ella se acuesta de espaldas, boca arriba, y levanta las piernas en posición vertical mientras su respiración traduce la dicha de mostrar su sexo húmedo y anhelante a su compañero. Deja entonces que él le sostenga las piernas, arrodillado al final de su cuerpo y apoyando el otro brazo en el piso. El hombre la penetra, domina y posee el control, variando el sentido de la penetración y la apertura de las piernas.

Los rostros no pueden acercarse y las manos del hombre poco pueden hacer en esta posición, lo cual genera una ansiedad sumamente excitante. Los dos cuerpos corren juntos la carrera para llegar al orgasmo y reflejan al otro los más variados gestos de placer, sensualidad, afecto y erotismo.

El espejo del placer

La libélula

Para realizar esta postura la pareja debe tenderse de costado, en un lugar cómodo y flexible, como la cama o un sofá. Ella se ubica de espaldas a él y él se coloca arriba de ella. De esta forma, los cuerpos quedan amoldados, en una posición ideal para las parejas muy cariñosas que gustan de prodigarse todo tipo de demostraciones de ternura.

Con un poco de destreza combinada con mucha excitación, la mujer pasa su pierna externa flexionada encima de la cola del hombre, abriendo la puerta al placer. El hombre la penetra haciendo una palanca erótica con la pierna de su amante, que se apoya en la cadera de él.

Los halagos que el hombre puede susurrarle a su compañera por la cercanía de su oreja son el condimento perfecto para alcanzar el máximo de deleite, sumado a los besos calientes. La mujer con sólo escucharlo se deja llevar por el ritmo de los besos, mientras le demuestra a su amante toda su potencia con expresiones de placer intenso.

La penetración llega hasta la mitad del camino, por lo que el goce viene de la mano del deseo de que se haga profunda y estalle en el orgasmo más excitante.

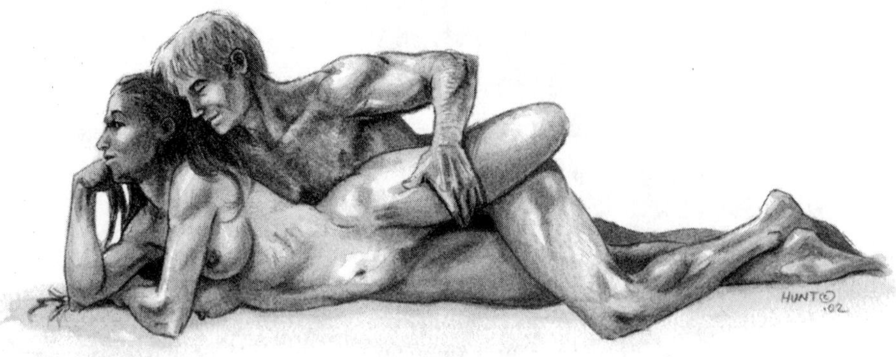

La libélula

El tornillo

Nada más recomendable para una mujer con dificultades para llegar al orgasmo que las posturas que presionan el clítoris mientras la vagina es penetrada. En esta posición el orgasmo siempre llega y el placer múltiple es un sentimiento concreto e inolvidable para la mujer.

Ella se acuesta en el borde de la cama y tiende sus piernas flexionadas a un costado de su cuerpo (cada mujer sabrá de qué lado le resulta más confortable). Esto permite mantener el clítoris atrapado entre sus mejores aliados para llegar al preciado orgasmo: los labios vaginales.

La mujer puede contraer y relajar toda la zona, mientras el hombre, arrodillado frente a ella, la penetra suavemente. Para convertir esta posición en un manjar, conviene que el hombre, mientras la penetra, acaricie sus pechos y la mujer emita sonidos placenteros para incentivar a su pareja.

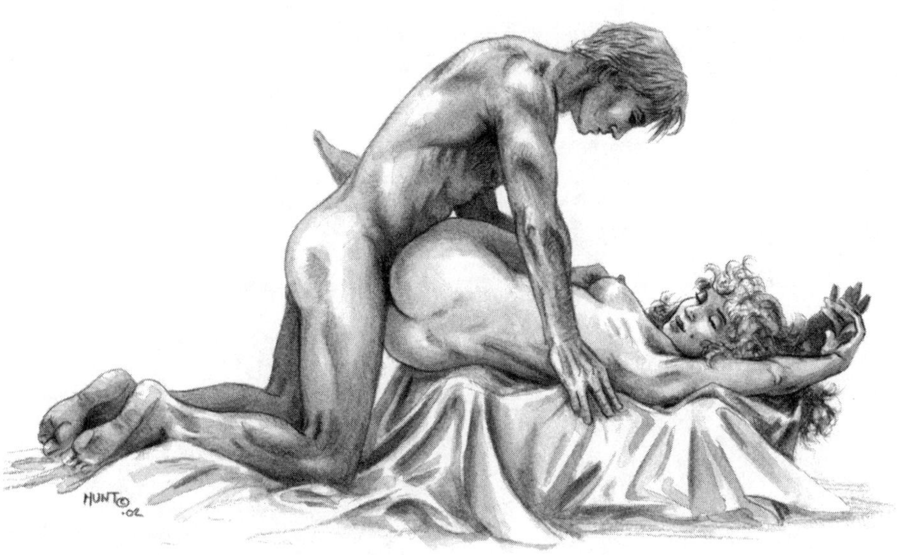

El tornillo

La amazona

Esta posición coloca a la mujer una posición totalmente activa. Ella se ubica encima de él y marca el ritmo de la relación sexual apoyando sus pies en el piso. Es ideal para las mujeres activas y un poco dominantes que le gusta llevar el ritmo sexual de la relación.

Para el hombre es una extraordinaria experiencia porque puede incorporar en esta posición la energía yin, más pasiva, y además puede relajarse durante el acto sexual. A su vez puede tocar sus pechos y tirar del cabello de su compañera mientras ella se mueve.

El ángulo de visión que ofrece esta variante es uno de los más excitantes para el hombre, ya que permite ver en primer plano cada embestida que realiza su compañera. Y a la mujer le dará mucho placer la idea de saber que tiene el control del acto sexual y que su hombre lo sabe.

La amazona

La butaca

Recostado sobre una almohada o almohadón confortable, el hombre se sienta con las piernas flexionadas y un poco abiertas. Ella se sienta cómodamente en el espacio que él forma con su cuerpo. En esta posición afloran naturalmente los sentimientos de protección de ambos.

Con la ayuda de sus manos y brazos, el hombre busca el punto de encuentro satisfactorio para ambos y acomoda a su compañera en su erección, controlando el ritmo sexual de la relación.

Las piernas de ella se apoyan en los hombros de su pareja, quien tiene su cabeza atrapada y envuelta en los muslos de su compañera. El hombre puede tocar el clítoris de ella al tiempo que la sostiene de la cintura con fuerza.

La distancia entre los rostros y lo osado de la propuesta confieren a esta posición una calidad extremadamente sensual.

La butaca

La somnolienta

La mujer se tiende de costado y el hombre se ubica en su espalda para penetrarla. Ella estira una pierna hacia atrás y la enrosca en la cintura de él. Esta postura es ideal para hombres dotados que tuvieron experiencias siempre en la posición tradicional y mujeres muy flexibles que quieren poner todo su cuerpo a disposición de su pareja.

Además, cumple varios anhelos de las mentes fantasiosas: en primer lugar, que ella esté de espaldas a él y al mismo tiempo acceda a su rostro y cuello y, en segundo lugar, que él tenga cómodo acceso al clítoris y pueda tocar y sentir los pechos de su amante.

La somnolienta

La sorpresa

En esta postura el hombre debe estar de pie para apresar a la mujer por detrás, penetrarla y a la vez tomarla de la cintura en forma sensual y con cierta dosis de dominación. Ella relaja todo su cuerpo hasta apoyar sus manos en el piso con entrega y mostrando una sensación de confianza hacia su compañero. El hombre "sorprende" a la mujer por detrás marcando la melodía erótica en forma casi completa.

Para ella, el placer se concentra en el ángulo de abertura de la vagina que, al ser limitado, provoca una sensación de estrechez muy placentera. Para él,

La sorpresa

la sensación más poderosa se expande desde el glande, que entra y sale de la abertura vaginal a su antojo y acaricia el clítoris en las salidas más audaces. Además, el campo visual del hombre abarca el ano, los glúteos y la espalda, zonas muy erógenas para muchos. La dominación que el hombre ejerce sobre la pareja y la relajación total de la mujer pueden favorecer el jugueteo del hombre, quien seduciendo a su amante puede jugar con el ano. Ella, si ya conoce la experiencia, puede acercarse a la sensación del placer de la penetración anal por parte de su amante.

Esta postura es ideal para los amantes del sexo más salvaje y primitivo.

La medusa

La pareja debe arrodillarse sobre una superficie confortable, pero no tan blanda como la cama. En esta posición, el hombre se entrega a la voluntad de la mujer. Ella descenderá hacia su sexo y lo introducirá en su vagina cuando lo desee. Previamente podrán besarse, rozar sus pechos, abrazarse, acariciar la espalda del otro y apoyar el glande en la vagina y frotarlo con el clítoris creando una sensación placentera y muy diferente, casi única. Al final, la penetración llegará con placer infinito tras ser muy deseado.

Durante el acto amatorio, si él no puede entregarse con paciencia a los movimientos de ella, puede marcar el ritmo tomándola por la cintura y atrayendo su cuerpo hacia el suyo.

El enfrentamiento de los rostros ofrece la excitante oportunidad de observarse, regocijarse, hablarse y besarse en la boca hasta que llega el deseado orgasmo.

La medusa

La fusión

Para esta postura el hombre se sienta echando su cuerpo levemente hacia atrás y apoyando sus manos al costado del cuerpo. Las piernas pueden estirarse o flexionarse según la comodidad que la pareja disponga. La cabeza de ambos debe estar relajada. La mujer asume el rol activo en esta ocasión, pasa sus piernas por encima de su amante y apoya sus brazos detrás del cuerpo.

La estimulación para realizar con éxito total esta postura debe ser intensa, pues durante la penetración esta posición impide el acercamiento manual y el contacto de las bocas de ambos amantes.

La mujer marca el ritmo y pacta el encuentro genital de ambos con un movimiento muy marcado. Es esencial que el clítoris aproveche los impactos con el cuerpo de su amante para mantener la excitación hasta el tiempo que ella decida explotar de placer, siempre que su amante acompañe su ritmo con una buena erección.

La mirada tiene un componente fundamental, pero también la comunicación sensual y provocativa, pues las palabras eróticas poseen una carga sexual muy fuerte para el acto amatorio. Ambos recursos —mirada y palabras— pueden ser increíbles armas para gozar esta posición y lograr "la fusión" por completo.

La fusión

La posesión

Como su nombre lo indica, esta posición es cautivante y tiene cierta dosis de sugestión, especialmente para la mujer. El hombre puede utilizar todo su magnetismo sexual y disfrutar de su propia energía en esta postura.

La mujer permanece acostada y con las piernas abiertas esperando que su compañero la penetre sentado y tomándola de los hombros para regular el movimiento. Las piernas se entrelazan en forma sensual y placentera.

El órgano masculino penetra y sale desviando su movimiento hacia abajo, ya el cuerpo de la mujer queda levemente más arriba que el cuerpo del hombre, así puede explorar el punto G de la mujer y toda su zona genital, para darle a su amante todo lo que a ella le encanta.

La posesión

Cara a cara

Es la postura más clásica y universal que se conoce en el arte de hacer el amor, pero con seguridad muy plena para muchas parejas en las que la mujer necesita la protección corporal, sexual y afectiva del hombre.

El hecho de estar cara a cara permite una infinidad de variantes para realizar y convertir esta postura en atractiva y excitante. La movilidad de las manos, la cercanía de los rostros y la comodidad de los cuerpos son algunas de las ventajas que la hicieron famosa.

No hay que temer probar nuevos tipos de contacto durante el acto amatorio en esta posición. Ella puede tocar los glúteos y la zona anal de su compañero para probar nuevas experiencias. Él puede frotar el clítoris de la de su amante o permitir que ella misma lo haga. Las piernas de ambos pueden estar más cerradas para sentir cierta dificultad en la penetración.

Es una posición que muchos identifican con el amor y el romance en los comienzos de una pareja. Vale la pena experimentarla en las diferentes etapas de la vida sexual y aprovechar al máximo todas sus ventajas.

Cara a cara

Variante cara a cara

La misma postura clásica pero con la diferencia, quizá más excitante, de que la mujer que toma el rol activo y dominante. Esta variante del "cara a cara" es una postura propicia para las mujeres que no llegan fácilmente al orgasmo porque necesitan una estimulación muy directa y activa del clítoris y los labios vaginales.

En esta forma amatoria la mujer puede friccionar con su clítoris el cuerpo de su amante, y por su posición dominante puede moverse con facilidad y mayor libertad corporal. Además el hombre puede tocar con regocijo los glúteos de su compañera y jugar con sus dedos buscando la satisfacción total de ambos.

Variante cara a cara

La doma

El hombre sentado cómodamente recibe a su compañera que se encaja a su cuerpo sentándose sobre su erección.

En esta posición la mujer puede seducir a su amante de muchas maneras. Una de ellas es tocar y acariciar con pericia la zona genital de él. Cuando el órgano masculino llega a su máxima erección, ella lo toma y ayuda a la penetración. Luego, con sus manos, ella colabora sensualmente con las maniobras sexuales.

Si ambos lo desean, el hombre puede imponer su voluntad presionando a la mujer hacia su miembro lentamente y mirándola a los ojos.

La pasión del abrazo, los juegos de lengua, los besos y los masajes o caricias suaves en las espaldas de ambos amantes para causar escalofríos en el otro son algunos condimentos de esta posición muy sensual.

La doma

El sometido

A pesar de su nombre, ésta es una de las posiciones amatorias del *Kamasutra* que más prefieren los amantes masculinos. El sometimiento masculino puede ser un estimulante sexual total para una pareja, en especial para aquellas que hace mucho tiempo mantienen una relación.

El hombre se acuesta entregando su cuerpo a la voluntad de su compañera. El encuentro puede empezar con caricias y besos de ella a él, que permanece siempre en la misma posición, para terminar en la penetración profunda que permite la posición, para la que ella se coloca de espaldas. La mujer controla los movimientos ayudándose con los brazos.

El sometido

Resulta muy erótico para la pareja tratar de encontrar sus miradas cuando ella asoma su rostro por encima del hombro. Además, el hombre tiene un fácil acceso a la zona anal y los glúteos de su amante. La mujer es quien regula la velocidad del ritmo sexual y de los movimientos. Según ella se mueva, ambos pueden disfrutar el estímulo anal y genital de la posición, muy adecuada para buscar variantes en un acto amatorio.

El deleite

Esta posición debe realizarse en un lugar cómodo y muy intimo, que permita el juego con libertad. La mujer debe arrimarse al borde de la cama, de una silla, o de un sillón.

El amante se arrodilla para poder penetrar a su compañera con sus zonas genitales a la misma altura que la vagina de ella.

La mujer muy relajada echa su cuerpo hacia atrás y abre sus piernas para recibir a su amante. Al mismo tiempo, rodea el cuerpo de él con sus piernas. Ella puede marcar el ritmo sexual en esta postura pero si ambos encuentran un movimiento armónico, pleno y abierto, el deleite mutuo será explosivo.

El deleite

La profunda

Esta posición tiene como ventaja una penetración total, por eso su nombre. La mujer, con las piernas elevadas y abiertas, espera que su amante la penetre. Luego levanta sus piernas al máximo hasta llegar por encima de los hombros de él. El hombre entonces apoya sus manos en el piso para regular el ritmo del acto amatorio.

Muchas mujeres pueden sentir que esta postura es complicada, incómoda o dolorosa, pero hay que experimentarla. La excitación que siente el hombre con esta posición es conmovedora y es extraordinario el placer que puede compartirse.

La posición ofrece una penetración absoluta y un contacto genital único cuando los testículos se posan entre los glúteos y el clítoris se encuentra presionado por la apertura de las piernas.

La dificultad para besarse y la distancia de los rostros puede ser interesante para la pareja cuando necesitan acercarse con sus bocas y se encuentran limitados por el cuerpo. Ambos pueden jugar con la ironía de la flexibilidad y el amor que sienten en la necesidad de acercarse y contenerse el uno al otro.

La profunda

El aspa del molino

En esta posición la mujer se tiende boca arriba con las piernas abiertas para ser penetrada por su amante. Él la penetra de frente a las piernas de ella. La diferencia de sensaciones es notable: el clítoris y los labios vaginales están en pleno contacto con la pelvis y la zona genital masculina. La penetración más intensa es a través de movimientos circulares profundos.

El hecho de no poder revelar los rostros de los amantes en el acto, le da un sabor misterioso a la postura. La novedad de las caricias sorprende y enriquece la relación. La mujer puede acariciar las nalgas de su compañero o clavar suavemente sus uñas en la parte posterior a las rodillas. El hombre puede intentar succionar los pies de su amante y morder ligeramente sus dedos. También ambos pueden acercar las manos a los genitales que se están fundiendo apasionadamente entre si.

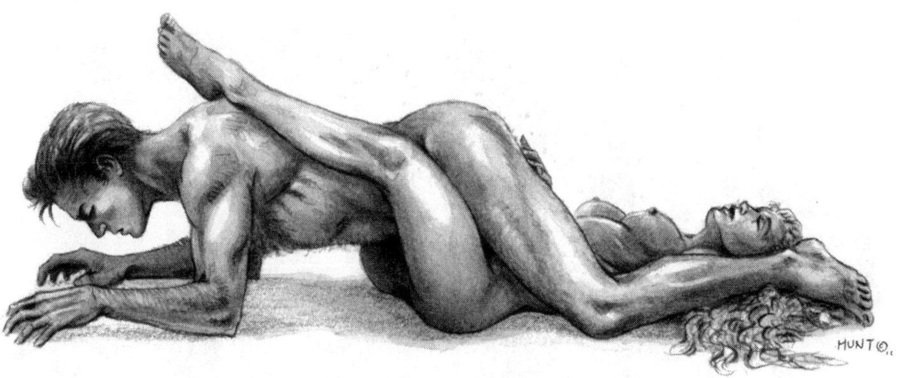

El aspa del molino

La acrobática

Esta postura es recomendable para parejas entrenadas en el arte amatorio con cuerpos flexibles y dispuestos a vivir experiencias muy intensas y plenas de movimientos maravillosos.

Él se acuesta relajado pero excitado, con su órgano sexual totalmente erecto. Ella se coloca de espaldas a él y se hace penetrar, flexionando las rodillas e inclinando su cuerpo sobre su espalda, para que su amante pueda llegar con profundidad a la vagina.

Para activar el movimiento necesario para el acto, la mujer debe levantar su cintura y relajarse sobre su compañero. El hombre tiene, así, más fácil acceso al clítoris y a la zona erógena pectoral de su compañera.

Ella debe relajar el resto del cuerpo. El descenso del tono muscular en cada zona del cuerpo es lo que hace tan especial esta postura, pues la mujer puede llegar a un orgasmo explosivo que la deje exhausta.

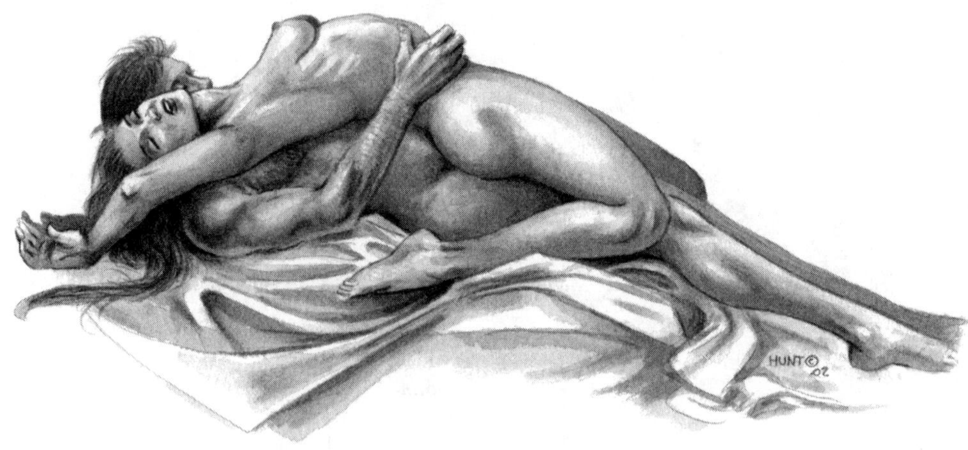

La acrobática

El arco

Esta posición es una variante del "cara a cara", pero modifica las sensaciones al extremo. La mujer permanece acostada boca arriba con las piernas abiertas y flexionadas, apoyando sus brazos detrás de los hombros. Cuando su compañero esté listo para penetrarla, eleva sus caderas y se posa sobre las piernas flexionadas del compañero.

El placer que ella recibe se centra en la penetración profunda y en la particularidad de sentir toda la zona vaginal y abdominal cubierta y protegida por la sensación del calor de la piel de su amante.

Cuando esta posición se mantiene firma, los amantes experimentan un placer formidable durante el orgasmo, especialmente si mediante un ritmo sexual adecuado logran un goce sincronizado.

El arco

El furor salvaje

El nombre de esta postura se debe a que permite al hombre desarrollar y fantasear con todo su potencial instintivo, mientras su amante se entrega de manera casi total en el acto amatorio.

Para esta postura, la mujer se coloca con sus manos flexionadas y sus rodillas dobladas en el piso. El hombre se ubica detrás de ella, en la misma posición pero cubriendo el cuerpo de su amante.

Para estar más cómoda la mujer puede apoyar los brazos, arquear la cintura y abrir las piernas para dejar expuesto su sexo. Resulta muy útil que ambos coloquen un almohadón debajo de sus rodillas para protegerlas.

El hombre toma a la mujer de la cintura y la penetra profundamente, por la vagina o por la zona anal, según el gusto y la necesidad de la pareja. Puede acompañar la penetración tocando los pechos de su compañera. O si desea alcanzar una satisfacción especial puede realizar la penetración más lentamente y apoyar un brazo en el piso para sostener los cuerpos fundidos en el aire.

El control total del hombre agrega un componente muy excitante para la pareja.

El furor salvaje

La catapulta

Esta posición es una valiosa fuente de placer, pues pone en contacto el cuerpo del hombre con áreas del cuerpo de la mujer que no suelen ser tocadas en posiciones más tradicionales.

El hombre se arrodilla y recibe a su compañera y la penetra mientras ella apoya sus glúteos sobre las piernas de su amante. La mujer puede extender sus piernas sobre el torso del varón o flexionarlas apoyando las plantas de los pies en su pecho. Esto último resulta muy estimulante para el hombre cuando la mujer logra jugar con las plantas de los pies sobre el pecho de él.

El hombre tiene fácil acceso al clítoris de su amante, por lo que puede estimular la zona genital con las manos. A su vez, la mujer puede encontrar un movimiento sensual en el desplazamiento y la elevación de sus caderas. El ritmo lo marcan ambos según el deseo, la pasión y la flexibilidad de cada uno.

La catapulta

El abrazo total

Esta posición favorece un sexo apasionado y creativo, donde el contacto corporal es completo. Para realizarla ambos deben sentir una gran entrega.

Ambos están desnudos, de pie y frente a frente para amarse. Ella asciende por el cuerpo de su compañero y se sostiene de sus hombros para abrazar el cuerpo de su amante con las piernas y los brazos. El la toma de los glúteos y la atrae hacia cuerpo para penetrarla.

El ritmo del acto amatorio puede ser de dos maneras: de arriba hacia abajo o de atrás hacia adelante, dependiendo de la intensidad, entrega, tiempo, potencia y necesidad de ambos para experimentar un ritmo erótico vigoroso.

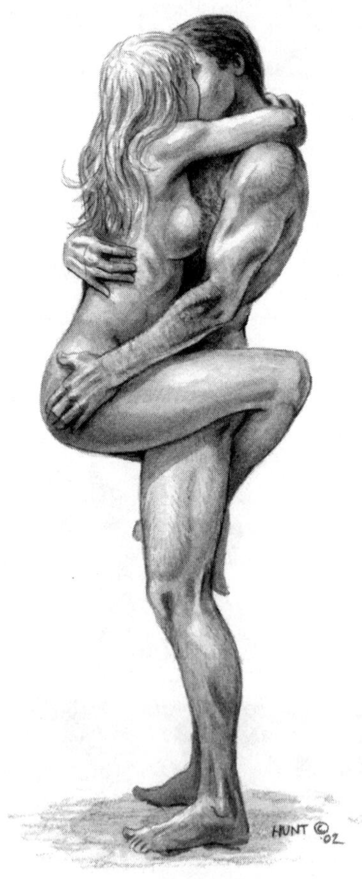

El abrazo total

Variante del sometido

En esta variante de la posición del sometido, la mujer extiende su cuerpo hacia atrás, apoyando sus brazos en los de su compañero y extendiendo las piernas hacia adelante. De esta forma, el hombre puede llegar a estimular los pechos de su amante con facilidad y la mujer podrá apoyar sus glúteos sobre su compañero para realizar movimientos circulares y profundos.

En esta postura la penetración no es completa, pero constituye un juego muy poderoso previo al acto amatorio más intenso. Si mantiene sus movimientos sensuales, la mujer muchas veces llega más explosivamente al orgasmo.

Variante del sometido

Variante de la fusión

Aquí el ritmo de la relación lo marca la mujer mediante el movimiento que mejor regula y realiza en esta posición: la oscilación de arriba abajo.

Si el hombre se relaja y apoya todo su cuerpo cuando la mujer se incorpora levemente, la fusión produce una penetración más profunda.

Las manos de ella pueden tocar el pecho de su amante durante el acto amatorio. El hombre puede realizar la estimulación clitoriana y la mujer puede aumentar el placer de ambos buscando el tacto profundo de la zona erógena de él.

Variante de la fusión

La cucharita

Esta es una excelente postura para el sexo anal. Con las piernas juntas y recogidas la mujer puede presionar el sexo del hombre y sentirlo con más intensidad, mientras ella se tiende de costado y relaja su cabeza hacia atrás.

La penetración puede ser vaginal o anal, según lo disponga la pareja. Si los movimientos son suaves y coordinados y la penetración lenta y profunda, los cuerpos se fusionan como piezas de un rompecabezas.

La posición refuerza la fricción del clítoris reconfortante y gustosa para ella y tremendamente excitante para él.

La cucharita

PARTE III

La expansión del amor

20

Descubrir la química erótica

¿Cómo provocar la química sexual?

En una pareja, son varias las razones para que la química de la pasión no funcione del mismo modo que al inicio de la relación. El estrés, los problemas económicos, los cambios de horario cuando nace un niño, la rutina, la falta de comunicación, son algunas de ellas.

Pero también sucede que dos amantes, luego de un tiempo, pierdan el deseo sexual sin una causa aparente. ¿Por qué ya no surte efecto la química sexual que al principio de la relación funcionaba? ¿Cómo se puede provocar o mantener la intensidad del erotismo con el paso del tiempo?

La sexualidad es un arte y el punto más alto de placer no es el orgasmo, sino tratar de alcanzar un estado de éxtasis por tiempo ilimitado. Para lograrlo, no es necesario ser un atleta sexual.

Elementos que hacen arder

Mantener viva la llama no resulta fácil, pero se puede aprender con la misma naturalidad que uno comienza a amar a una persona mediante el contacto y el conocimiento.

Busca la complicidad

Intenta estar alerta a la mirada y al pensamiento de tu compañero/a. Encuentra momentos oportunos, en cualquier sitio o circunstancia, donde decirle cosas con un guiño de ojos. En especial, utiliza códigos que posean significación para ambos.

Tienta a tu pareja a hacer el amor en algún lugar "prohibido" o donde les provoque mucha excitación.

Celebra en la intimidad distintos acontecimientos

Evoca momentos donde tuvieron esa química y brinda por ellos. Coloca flores, aromas con aceites especiales, velas y crea todo un clima romántico para elevar la excitación al punto máximo.

Observa cómo realizas el amor

¿Lo haces en forma mecánica como un trámite más o te entregas sin límites? Presta atención a las reacciones de tu pareja, a sus miradas, sus gestos, acaricia todo su cuerpo con una gran carga de erotismo en cada movimiento.

Haz lo que al otro le apasiona

Indaga si alcanzaste a realizar todo lo que a tu pareja le gusta. Si no es así, inténtalo. Puede ser susurrarle historias eróticas al oído o vestirte de una manera especial para excitarlo/a.

Estimula y provoca sexualmente a tu amante

Luego aléjate y ocúpate de otra cosa hasta que tu pareja te busque ardiendo de pasión. Este juego es un elemento que genera mucho deseo en el otro.

No olvides comunicarte
Cuando te encuentres con tu pareja, comunícale con gestos afectivos que la amas, que tu corazón vibra por él o por ella. Esta afirmación constante es un paso indispensable para mantener en equilibrio la química del amor.

21

Transitar los mapas del amor

Los mapas del placer

Cuando recordamos nuestras experiencias sexuales, no siempre recibimos imágenes excitantes de los archivos del pasado. Esas "postales" nos generan distintas emociones. Algunas veces frustración e impotencia. Pero, especialmente, nos provocan un profundo temor a repetir una vivencia sexual que fue poco satisfactoria.

Recientes estudios han descubierto los "mapas cerebrales" que se encargan de organizar el conocimiento adquirido. Mediante estos planos mentales somos capaces de reemplazar datos no deseados por otros más placenteros en forma consciente. Para volver a sentir placer sin asociar las nuevas experiencias sexuales con malos recuerdos podemos desarrollar nuestra inteligencia erótica.

¿Cómo se trazan los mapas eróticos?

El funcionamiento de estos organizadores cerebrales también nos permite trazar "mapas sexuales": nuevas rutas de placer directamente conectadas con los detectores sensitivos que usamos en el acto sexual. El objetivo es modificar la información negativa y delinear mapas eróticos nuevos. Hay muchas formas de realizarlos, pero la más simple es combinar la visualización, la lógica y la memoria emocional.

Nuevas rutas de placer

Hombres y mujeres poseen diferentes zonas eróticas. Para encontrarlas y ordenarlas con los sentimientos que provocan, sugerimos practicar el siguiente ejercicio:

> Elegir una foto de nosotros mismos de cuerpo entero. Hacer una copia (agrandarla en caso de que sea pequeña) y pegarla sobre un papel blanco.
>
> Señalar cada lugar del cuerpo que nos provoque alguna sensación positiva o negativa. Usar distintos colores con algún criterio personal.
>
> Luego de marcar las zonas, escriba el sentimiento que nos provoca. Las partes del cuerpo pueden señalarse con una flecha, como en los mapas de ruta, escribiendo la estimulación provocada en ese lugar. En el cuerpo de las mujeres la zona más sensible es los senos. Más exactamente los pezones, que son los primeros en reaccionar ante el estímulo sexual. Otras zonas erógenas femeninas de importancia son el monte de Venus, la entrada a la vagina, la región anal y el clítoris (el órgano de placer por excelencia). En el cuerpo del hombre, las zonas erógenas están localizadas en la pelvis, pero también otras áreas como la boca o el cuello. Es importante trabajar los mapas en forma consciente y comprobar el cambio en la práctica del acto sexual.
>
> En el futuro podemos revisar nuestro mapa erótico para agregarle nuevas asociaciones de zonas corporales con sensaciones.

Visualizar y asociar las zonas erógenas con sentimientos concretos (y ponerlos en palabras) produce un cambio consciente en la memoria.

22

Las técnicas para ser tiernos

Alimento de amor: besos y abrazos

Existen diferentes clases de besos. Tantos como relaciones y personas que se los prodiguen: besos con la mirada, a la distancia, que despiertan, mágicos, deseados, espontáneos, virtuales, apasionados, de compromiso, fingidos, ardientes . . .

Los abrazos que abundan son los de despedida, llegada, reencuentro, conveniencia, mimosos, interminables, amigables . . . ¿Cuáles son los abrazos y besos que te gustaría dar o recibir? ¿Quién es la persona que deseas abrazar y besar, ahora? ¿Alguna vez pensaste que pudiste evitar una separación con un beso o abrazo a tiempo?

Los abrazos y los besos son para demostrar: afecto profundo, pasión, fraternidad, amistad, necesidad sexual, protección, misericordia, consuelo, sabiduría, poder o amor.

¿Que sentimos al besar y abrazar? Valoración, excitación, autoestima, seguridad, aprobación, contención, fortaleza, devoción y espiritualidad, protección, entusiasmo, alegría. El beso está relacionado psicológicamente con el contacto más primitivo del ser humano, y recuerda en forma inconsciente todas las necesidades orales como el alimento, el disfrute, el sabor, lo deseado, lo rechazado, todo lo asociado con la supervivencia.

Practica todos los días el arte de besar. Elabora una lista de todas las personas a las que te gustaría besar o abrazar, y el motivo. Luego trata de comprender por qué en cada caso no lo haces con frecuencia diaria.

Si una de las personas primeras de la lista es tu pareja, despiértala con un beso; si no vive contigo, llámala por teléfono y salúdala con un beso, envíale un mensaje con besos todos los días, conversa al menos un minuto por día, o hazlo por correo electrónico escribiendo las palabras "beso" y "abrazo".

Trata de hacer lo mismo todos los días con todos los integrantes de la lista. Según la relación y confianza que poseas elige el beso o abrazo más adecuado.

Ritual amoroso

Cuando te sientas deprimido, tengas problemas con tu pareja, tu autoestima se encuentre baja, no te sientas deseado o amado, piensa que todo es reflejo de tu pensamiento o sentimiento de amor por ti mismo. Realiza el siguiente ejercicio:

> Trata de relajarte y elegir un lugar tranquilo. Podrías aromatizar el lugar con un incienso o perfume. Escucha una música tranquila y trata de vestirte lo más cómodo posible.
>
> Acuéstate donde te sientas más a gusto. Visualiza cada una de las células de tu piel e imagina que se convierten en pequeños besos con diferentes características y colores, por ejemplo: rojos, vitales, dulces, sanos, amorosos, brillantes, ardientes, sensuales, atractivos. Imagina que abrazas tu cuerpo y te acaricias en tu imaginación, o coloca los brazos a tu alrededor. Cuando logres sentir que realmente te amas, imagina que la persona que deseas está frente a ti. Bésala y abrázala en tu imaginación.
>
> Podrás ver como la energía de tu amor puede hacer milagros con tus relaciones. Ahora sólo espera, que los besos y abrazos acudirán a ti.

23

La ley de la atracción amorosa y cómo practicarla

¿Poder o no poder?

Todos los seres humanos en algún momento de la vida nos hemos preguntado: ¿Lograré ser apto para darle placer a esa persona que tanto me apasiona? ¿Alguna vez llegaré a sentir el placer que tanto deseo o imagino?

Para responder en forma afirmativa, un individuo debe sentir que a lo largo de su experiencia sexual ha desarrollado la suficiente seguridad en sí mismo como para poder manejar su cuerpo y sus sentimientos con completa libertad.

Pero en la actualidad, los seres humanos estamos inmersos en un mundo vertiginoso que nos lleva a dudar de nuestra capacidad de amar. Por este motivo, es importante conocer que existen técnicas de autosugestión erótica basadas en la autohipnosis, para desbloquear la mente y el cuerpo del estrés o de los diferentes motivos que llevan a una persona a no poder relacionarse en forma natural con su propia sexualidad.

Estas técnicas son muy simples de realizar y se pueden practicar en un tiempo aproximado de quince minutos en cualquier momento del día.

¿Cómo ejercitar la autosugestión erótica?

Lo primero que debes hacer es tratar de evocar los bloqueos sexuales que recuerdes y anotarlos en un cuaderno para no olvidarlos. No siempre es fácil identificar estos conflictos en forma consciente. Para lograr esa evocación en forma correcta, se debe relajar el cuerpo y recordar el problema con todos los sentidos abiertos y la mente clara.

Existen diferentes métodos de autosugestión para poder lograr una completa relajación, la más rápida e indicada es concentrar la mirada en un punto hasta lograr que los párpados se relajen y caigan por su propio peso. En ese momento, todo el cuerpo se encuentra entregado para investigar aquello que se busca conocer y solucionar.

Luego de lograr ese estado, es importante repetirse mentalmente: "Cada vez que cierre los ojos voy a lograr relajarme y alcanzar un nivel más placentero para poder ser consciente de todo mi ser". De esta manera, cuanto más se practique la autosugestión, se logrará un estado más profundo de visualización y autoconocimiento.

El recuerdo será completo si revisamos todos nuestros sentidos: gusto, olfato, vista, tacto y oído. Para recordar qué tipo de gusto sentimos en el momento del bloqueo, debemos preguntarnos, por ejemplo, ¿era un sabor agradable, amargo, muy dulce, salado? Luego, se debe realizar el mismo ejercicio con los olores: ¿qué aroma sentimos? ¿era desagradable, rancio, húmedo, a plástico o rico como un perfume?

En la medida que logremos ser efectivos en el recuerdo de cada sentido, lograremos disociarlo de la mala experiencia en sí, y de esta manera modificaremos el bloqueo en forma total.

24

El conocimiento del Tao para ser un amante irresistible

Tao del magnetismo sexual

Tu cuerpo me envuelve,
tus palabras me fascinan
como un hechizo de amor.
Soy tan vulnerable
a tu mirada que cuando más me alejo de tí,
más fuerte es el magnetismo que ejerce
tu presencia dentro de mi ser.

¿Quién no ha sido subyugado, al menos una sola vez en su vida, por la fascinación que emanan personas con un carisma indefinible?

Todo objeto posee un campo magnético propio. Los seres humanos poseemos una particular carga magnética activa, y entre los campos de acción que la energía magnética puede influir, se cuenta especialmente el campo erótico.

Todos los seres humanos poseemos la facultad de emanar la corriente vital de energía que nos anima, reconociendo que estas ondas son capaces de influenciar, incluso a distancia, a las personas que deseamos sexualmente. El campo magnético de una persona actúa directamente sobre la otra en una situación de trance o sugestión. Pero para poder hacer uso de esa poderosa corriente magnética y transmitirles a los demás esta atracción, será necesario desarrollar nuestro propio poder sugestivo.

Para conocer el magnetismo

Una persona puede poseer naturalmente tres clases de magnetismo sexual:

1. Una acción fisiológica llamada "magnetismo animal".
2. Una acción más sutil que actúa a distancia mediante la voluntad y el pensamiento.
3. Una acción producida por el aspecto exterior: la resonancia de la voz, una presencia especial, un comportamiento sugerente, cierta mirada, y otros gestos específicos.

Sugestión y autosugestión

La sugestión es un proceso psicológico que, si se aprende a controlar, puede llegar a provocar que otra persona acepte una orden nuestra, porque cada idea que es entendida por el cerebro tiende a traducirse en un acto.

¿Es posible utilizar la sugestión en los diálogos o en el contacto con los demás?. Sí, pero para lograrlo es indispensable poseer una confianza ciega en nosotros mismos. El hombre es aquello que piensa. Por eso debemos pensar intensamente en la idea —y la carga de sexualidad— que deseamos transmitirle al otro.

La sugestión también puede definirse como una "autoafirmación" destinada a fortalecer una idea referente a nosotros y a los demás. Mediante el autoconvencimiento es posible provocar pensamientos cargados de fuerza, grandeza y poder. Si se ejercitan estos poderes, poco a poco las ideas de poder y sensualidad que queremos transmitirle a los otros se fijan en nosotros, estimulando el inconsciente.

Ejercicio simple de sugestión

Todos los días al levantarnos o acostarnos, mientras estamos bien relajados, debemos repetirnos a nosotros mismos la siguiente afirmación: "Yo confío en mí mismo y poseo un gran magnetismo en mis relaciones con los demás".

Otra afirmación posible: "Me estoy liberando de todos mis conflictos interiores y atraigo sexualmente a quienes deseo".

Es importante repetirnos las frases durante cierto tiempo, con la absoluta certeza de que el magnetismo que vamos desarrollando será irresistiblemente seductor para cualquier mortal.

25

Técnicas para una perfecta y efectiva primera vez

Claves para una intensa primera vez sexual

Antes del primer encuentro erótico, todo el mundo tiene algún miedo. Hay personas que se comunican con cierta afinidad y se atraen físicamente desde el primer momento, pero ¿cómo estar seguros de que este primer encuentro sexual no será una falsa combustión espontánea que terminará con un apagón total de pasión?

Si ya experimentaste demasiadas desilusiones con aparentes parejas que parecían fieras sexuales y resultaron un fiasco, aquí encontrarás una pequeña lista de consejos para que tu próximo encuentro amoroso no se convierta en una mala combinación de hormonas.

Consejos para ellas

1. No te guíes por la primera impresión en el caso de que se trate del tipo de varones que se muestran muy apasionados y, como si fueran leones enjaulados, desean tocarte apenas te acercas. Especialmente, si lo intenta la primera vez que tienen una cita. En general, el hombre simpático pero no muy osado es para tomar en cuenta. Seguramente se trata de alguien que sabrá respetar tus necesidades.

2. Déjate guiar por tu instinto. Toma en cuenta tus propios deseos de abrazarlo o protegerlo. Si te surge espontáneamente, no reprimas el impulso.

3. Ciertos hombres manejan la excitación muy bien y poseen un buen sistema de seducción, pero otros no. Lo mejor es no sentirte frustrada luego de la relación erótica, pues una fallida primera experiencia se puede bloquear una futura relación plena.

4. Antes del primer encuentro erótico fíjate si él te presta atención. Aquellos hombres receptivos te escucharán con atención y mirarán tu cuerpo en forma disimulada pero con deseo. Posiblemente no tomarán la iniciativa, pero observarán los gestos de tus manos, estudiarán tu mirada y sus movimientos serán tranquilos y seguros.

5. Otro detalle a tener en cuenta: muchos hombres esperan que el primer acercamiento físico sea tuyo. Por ejemplo, esperarán que les des una señal de que son bien recibidos, esperarán que te sientes más cerca en el auto, que te arrimes con tu cuerpo hacia delante mientras comparten la cena, frente a frente, en un restaurante.

6. Si realmente deseas su cuerpo, prueba besarlo. Si es el hombre indicado, sus caricias serán suaves y sensuales y no van a ir directamente a tus pechos u otra de tus zonas erógenas, sino que va probar tu deseo y, acercándose de a poco, va a responder a tus permisos. También seguirá esperando una respuesta tuya mientras te acaricia, estudiando tus puntos más satisfactorios según tus reacciones. Esos son los hombres más astutos y los que realmente van a hacerte gozar.

7. No te guíes por la atracción física, y menos por los hombres que hacen alardes de placer y sexualidad. Toma en cuenta a los que tienen una nueva masculinidad, menos agresiva para tomar decisiones, pero más indicada para una satisfactoria relación sexual contigo.

Consejos para ellos

1. Hay un prototipo de mujer super atractiva, avasalladora, que se convierte en una trampa para los hombres desprevenidos. Ella parece desplazarse como felina en busca de su macho, seduce con su forma de expresarse, mueve sus piernas o su falda en forma distraída y provoca con sus jugueteos. Desconfía de ella si te observa demostrándote abiertamente que te desea. Ese es el aviso de alarma que te dice: "te arrojas al vacío otra vez". Seguramente tendrás muy buen sexo, pero luego sólo desearás huir por la primera puerta que tengas a mano. Otra vez te sentirás vacío y te preguntarás: ¿por qué debo cumplir el rol del supermacho?

2. Pregúntate: ¿A quién tengo que satisfacer? Tal vez te hayas hecho esta pregunta con anterioridad. Aunque los mitos y las habladurías digan lo contrario, luego de la primera vez el hombre necesita sentirse protegido, estar seguro de que su compañera haya pasado un buen momento, sentir que la hizo gozar.

3. Seguramente no deseas sumar un orgasmo más en tu agenda de citas. Por eso observa muy bien a esa mujer que tienes delante. Siente su aroma, acaricia su piel con delicadeza hasta sentir que pueden ser un solo cuerpo, y si no estás seguro, aprende a esperar otro momento más oportuno.

4. Tómate el tiempo que necesites. Nadie va pensar que no eres lo suficiente viril. Esa es solo es una prueba para tu propia satisfacción y a veces vale la pena esperar un poco más.

26

Aromas y masajes para gozar

Aromas para deleitar y deleitarse

Para los antiguos griegos los baños aromáticos diarios combinados con masajes abrían el camino hacia la realización sexual total. Hoy, la sensual aromaterapia volvió a instalarse como una de las técnicas más eficaces para revitalizar la pasión en la vida conyugal.

Cuentan los que saben que aquellos que se animaban a traspasar el portal de una casa legendaria se embriagan de amor. Dicen que se debía a la emanación de una fragancia deliciosa, un perfume que había sido creado por dos amantes que practicaban desde el principio de los tiempos el arte de los aromas y el placer eterno.

Ahora, a medida en que evoluciona la ciencia, se concluye que muchas artes milenarias descartadas durante siglos por la medicina tenían una gran cuota de verdad en su afán por mejorar el bienestar personal y realizar plenamente el arte de amar.

Aceites, aromas y otros deleites

La aromaterapia que hoy hace furor entre las inquietas jóvenes generaciones es un procedimiento curativo que se realiza por medio de inhalaciones de diversos aromas. Pero la aspiración directa a través del olfato constituye sólo una de las maneras básicas de administrar los aceites, perfumes, o sales esenciales.

También se pueden aplicar sobre la piel, durante baños de inmersión, masajes eróticos o relajantes, y en compresas aplicadas en las zonas erógenas del cuerpo. La aromaterapia es recomendada para aquellas parejas que inician una relación sexual y afectiva, porque ayuda a superar con más rapidez la falta de confianza que experimentan en un principio.

En este caso, si el masaje se comienza por las plantas de los pies, los aceites esenciales se absorberán con mayor rapidez y sus efectos estimulantes actuarán de manera eficiente para provocar mayor relajación y atracción sexual.

Técnica para practicar en pareja

Los masajes eróticos se pueden realizar con diferentes tipos de aceites que estimulen la circulación sanguínea y el deseo sexual. En el hombre, la técnica será más efectiva si se trata de la zona de los testículos. Y en la mujer, tratando de encontrarle los puntos estimulantes con caricias realizadas bajo el influjo de dichos aromas.

Los aceites esenciales puros se obtienen de la corteza, raíces, tallos, hojas, flores y resinas de árboles y plantas. Para inhalar sus aromas embriagadores, se pueden colocar las esencias deseadas en ollas a presión. Junto con el vapor, el perfume puede expandirse en toda la casa y provocar un delicioso ambiente. También se pueden quemar en un recipiente especial.

Recetas mágicas para amar: cómo preparar esencias caseras

En la antigüedad, las plantas y flores eran prensadas y con ellas se preparaban infusiones, hasta que se perfeccionó el proceso de destilación. En el presente se puede hacer un perfume con la planta que se desea, colocándole agua y dejando que se evapore el excedente. El producto que se logra se deja enfriar y la esencia se separa del agua. Se pueden utilizar pétalos de flores, cáscaras de frutas y todo tipo de plantas con sus múltiples potenciales.

Para qué sirve cada aroma

Existe una gran cantidad de libros que explican la aromaterapia con claridad accesible. En ellos podremos encontrar descripciones de los diferentes métodos para usar las esencias junto con recomendaciones acerca de su utilidad específica. La breve lista a continuación sólo menciona algunas de las esencias que pueden acompañar y realzar el amor. Debemos tener en cuenta que los aromas pueden afectar en forma diferente a distintas personas, por lo que la pareja deberá investigar hasta hallar cuáles son aquellos que les facilitan el éxtasis.

Azahar
Sedante, relajante. Predispone al estado de ensueño.

Bergamota
Actúa en contra los pensamientos negativos. Reduce miedos. Calma las ansiedades.

Canela
Afrodisíaco especial para la falta del deseo sexual.

Cedro
Estimulante. Suavemente afrodisíaco. Calma la ansiedad. Eleva el espíritu y purifica la mente.

Hierbabuena
Tónico y estimulante de la apetencia sexual.

Jazmín
Potente curativo de los trastornos emocionales, mejora el estado de ánimo y estimula la erección.

Limón
Energético natural. Ayuda a desinflamar las zonas erógenas.

Naranja
Fortalece el corazón y ayuda al mejoramiento del cuerpo.

Pachulí

Procede de una pequeña planta originaria de Malasia y de la India, su efecto es sedante y afrodisíaco. Puede usarse en forma de incienso para mejorar la excesiva ansiedad a la respuesta sexual.

Romero

Tanto los griegos como los romanos creían que el romero era una planta sagrada con poderes mágicos. Es estimulante de las glándulas y de las vías respiratorias para mejorar la energía del ritmo sexual.

Rosa

Los médicos árabes fueron los primeros en utilizarla como medicina en forma de zuccar o mermelada de rosas. Esta esencia es, por excelencia, reguladora de los órganos sexuales femeninos. Funciona como afrodisíaco, antidepresivo, sedante, tónico para el corazón, estómago, hígado y útero.

27

Los afrodisíacos, alimentos del placer

Afrodisíacos: alimentos para gozar

Hay comidas que despiertan los sentidos, aumentan la circulación de la sangre y la potencia sexual y desarrollan el instinto vital. Conócelos y descubrirás que puedes disfrutar más de tu amante después de la cena perfecta.

Orígenes afrodisíacos

Las primeras referencias históricas respecto al efecto estimulante de ciertos vegetales sobre el apetito sexual se remontan a las más antiguas escrituras que posee la humanidad. Desde el comienzo de la historia el hombre ha buscado alimentos mágicos para cocinar para su pareja a fin de seducirla. Y es en esa búsqueda que ha encontrado alimentos apropiados. Pero también ha querido encontrar la fuente del eterno placer, la sustancia mágica que le dé el poder, el deseo y la potencia para prolongar su intimidad sexual.

En todas las culturas y épocas, encontrar el máximo placer ha sido uno de los objetivos humanos. La prolongación, la diversión y la innovación permanente han hecho que el hombre busque con afán miles de fórmulas para aumentar el deseo. Antes se creía que todo alimento que llegara de lugares exóticos contenía una carga erótica desconocida o mágica. Por eso el descubrimiento de América y su variedad de cultivos desconocidos causaron furor en las cortes europeas.

La idea del amor romántico estimulado por otras sustancias para realizar toda proeza erótica fue la moda del Renacimiento. Los espárragos y las zanahorias, debido a su forma fálica, eran alimentos muy utilizados y famosos en ese tiempo.

Las observaciones eran primitivas y confundían rituales mágicos con observaciones empíricas. Por ejemplo, si la raíz de una planta se asemejaba a los genitales, ésta tendría efecto afrodisíaco.

Ritos de Oriente

En Japón, una comida afrodisíaca no consiste sólo en los alimentos que se ingieren. La tradición hace hincapié en el tatami, el lugar de la ceremonia, al que se debe ingresar sin zapatos para alejar a los espíritus negativos que puedan quedar adheridos a las suelas.

Siguiendo el concepto de pulcritud ceremonial, los participantes se limpian la cara y las manos con una toalla húmeda. Los alimentos que luego ingieren están elaborados sobre la base de frutos del mar y pescados. Pero para que tengan realmente un valor afrodisíaco, todo el entorno debe estar cargado de erotismo, así como la actitud de los amantes.

Alimentos afrodisíacos

Los que siguen son aquellos alimentos que generan una mayor energía erótica. Pero debemos recordar que el verdadero alimento es el amor y que se conserva mejor que cualquier afrodisíaco, estimulando todas las células del cuerpo y manteniendo siempre joven el espíritu. El placer sexual es ilimitado cuando se libera la mente a través del conocimiento verdadero de todo nuestro poder sexual.

Ajo

Es probable que la etiqueta de tónico afrodisíaco que ostenta el ajo derive de que ejerce en el cuerpo un notable efecto calentador. Investigaciones actuales sostienen que reduce la tensión arterial y el nivel de grasa en sangre. Ayuda a la vitalidad y la salud, los cuales son ingredientes indispensables para obtener un perfecto rendimiento sexual.

Albahaca

"La mujer es como una fruta que no entregará su dulzura hasta que la aprietes entre tus manos. Mira la albahaca: si no la aprietas al calor de tus dedos, de ella no brotará ningún perfume". (Sheik Nefzawi). Planta consagrada a Venus y en la India a Vishnú.

Almejas

Muchas culturas, como la norteamericana, confían ciegamente en las propiedades afrodisíacas de las almejas, hecho éste que es una auténtica realidad, sobre todo si se comen crudas.

Angelote

Tiene un exquisito sabor. Su uso se remonta al medioevo. Se cocina igual que la raya.

Anís estrellado

De sabor parecido al regaliz, debe usarse en cantidades moderadas tanto en bebidas como en comidas.

Apio

Contiene hormonas feromonas. Puede tomarse en infusión, en ensaladas, sopas, guisados.

Arenque

Potente afrodisíaco según la cultura celta. Además de excitante es un magnífico reconstituyente.

Azafrán

Desde tiempos inmemoriales fue utilizado como afrodisíaco por asirios, griegos, fenicios y árabes. Se dice que estimula el útero y la circulación sanguínea.

Berberechos
Se come tanto crudos como cocidos.

Caballa
Pez de carne roja y poco estimada. La caballa ahumada en canapés es un potente afrodisíaco por su rápido efecto.

Cacao
Sus semillas contienen feneletilamina, una sustancia que estimula el organismo. Los aztecas la tenían como alimento de los dioses.

Canela
Segunda corteza del canelo, de color rojo amarillento muy agradable y aromática. Se usa fundamentalmente en postres, sin que ello prohíba utilizarlo en guisados y sopas. Es afrodisíaca, antiséptica, astringente y estimulante.

Cardamomo
Sus semillas son muy apreciadas en la cocina oriental, con ellas se elabora el curry. el *Kamasutra* ofrece una receta afrodisíaca: mezclar cardamomo con jengibre y canela. Extenderlo sobre cebolla y guisantes.

Cilantro
Estas semillas muy aromáticas y de agradable sabor se machacaban para ser utilizadas en pociones amorosas.

Ciruelas
Son energéticas. Se administraban en los burdeles isabelinos

Clavo
Se usa como condimento. Es un poderoso ingrediente de algunas pócimas afrodisíacas.

Endibias
Limpian el organismo de impurezas, son vigorizantes y de efecto tónico.

Enebro
Según el *Kamasutra*, la infusión de baya de enebro es una bebida para el vigor sexual. Esta contraindicado para mujeres en período de gestación y para todas aquellas personas que padezcan insuficiencia hepática.

Ginseng
Le llaman el "curalotodo". Se le atribuyen casi todas las cualidades, algunas contradictorias, como sedante y estimulante. Es un tónico generalizado y se le atribuye, también, un alto contenido potenciador sexual.

Guaraná
Arbusto trepador muy extendido en Brasil. Se utilizan sus duras semillas.

Higos
Los griegos y los romanos los tenían como afrodisíacos.

Jazmín
Su exquisito perfume embriaga el aire de las noches en climas tropicales.

Jengibre
La raíz joven y pelada estimula la circulación.

Manzanas
Antiguamente compartir una manzana con un hombre era considerado un presagio del futuro enlace.

Ostras
Considerada entre los mejores afrodisíacos, sus poderes se notan más si se comen crudas.

Pimienta
La blanca y la negra provienen de la misma baya, sólo que la blanca no contiene la cáscara. Es tonificante de los músculos y estimulante.

Polen de abeja
Aumenta la virilidad y alarga la vida.

Salmón
Como afrodisíaco es más potente que la carne de res y sus efectos más inmediatos.

Trucha
Tiene las mismas propiedades que el salmón.

Trufas
También contienen feromonas, por lo que se le atribuyen sus efectos afrodisíacos.

Vainilla
Es un afrodisíaco de tono menor.

Verbena
Antiguamente se decía que bastaba con frotarse las manos con zumo de verbena y tocar a alguien para ganar su corazón.

Vieiras
Otro de los más importantes afrodisíacos. Le sigue a la ostra.

Vitamina E
Tiene efectos casi prodigiosos en lo que a la vida sexual se refiere.

28

Las zonas del cuerpo y cómo estimular la energía con las manos

El cielo con las manos

Cada zona del cuerpo de tu amante
es el reflejo de tu necesidad de amarlo.
Cuando tus dedos se deslicen por su figura
podrás leer sus deseos casi sin mirarlo.

La dígitopuntura es una antigua técnica de masajes y leves presiones que se aplican siguiendo los meridanos energéticos de los órganos del cuerpo. Su función es liberar la energía bloqueada por problemas emocionales o físicos, y que pueden provocar insatisfacción sexual o afectiva. Los más frecuentes en el hombre son la impotencia y la eyaculación precoz y en la mujer, frigidez o anorgasmia.

La dígitopuntura se practica con las manos. Consiste en masajear, presionar, friccionar la zona a estimular. Así conseguiremos relajar las partes del cuerpo en tensión. Al progresar en el aprendizaje, conoceremos qué zonas erógenas necesita nuestra pareja que estimulemos antes de mantener una relación sexual plena.

Es importante tener en cuenta que los masajes deben ser realizados en forma sensual, para que la persona amada no sienta nuestros movimientos como una invasión a su cuerpo. La sensación debe ser totalmente placentera. Cuando el estrés es evidente pero nuestro amante niega estar tenso o bloqueado, es importante efectuar cada masaje en forma muy sutil. En la medida en que la intimidad de la relación avance, su pareja comenzará a aceptar el estímulo digital.

Dedos mágicos, masajes efectivos

Es fundamental practicar esta técnica de masajes en forma permanente. Cada uno de los amantes puede tomarse unos 10 minutos para explorar el cuerpo de su pareja antes del acto sexual.

Relájese antes de empezar para liberar todas las preocupaciones del día.

Una vez finalizada la relajación, deslice las manos por el cuerpo del amante con leves caricias utilizando algún aceite relajante o tonificante.

Conéctese con su pareja a través de las manos y la mirada, pronunciando palabras afectivas que estimulen la relación.

Sincronice la respiración, sobre todo si se hacen masajes mutuos, para que el ritmo circulatorio funcione al unísono.

Comience el masaje en la planta de los pies de la pareja y, lentamente, con una pequeña presión por los lados de las piernas, avance luego por el centro de las piernas con movimientos ascendentes.

En el hombre, se debe hacer una leve fricción siguiendo la ruta ascendente de las piernas, por las caderas hasta la zona de la pelvis. Si es posible, con aceites esenciales en la zona de los testículos. Este recurso tiene la función activadora, pero se debe hacer muy suavemente. En el caso de la mujer, en la zona pelviana se debe tocar el clítoris y la zona de los labios de la vagina. El estímulo con los dedos debe ser suave pero directo.

Las manos deben trabajar como radares energéticos, atentas a la sensación de placer que la pareja exprese con cada movimiento digital. Cuando la pareja muestra signos de plenitud es importante seguir focalizando ese punto del cuerpo. Ese punto en particular se debe tocar mayor cantidad de veces en cada nuevo contacto sexual.

Deje que los dedos avancen sobre el vientre y la zona de la ingle. Toque el cuerpo de lado a lado en forma de espiral hasta llegar a los pectorales. Esta zona es altamente erótica para las mujeres y los hombres. Continue rodeando la zona pectoral en forma circular, alrededor del pezón, hasta llegar a estimularlo directamente.

Si a esta altura del masaje no han comenzado los juegos sexuales, la digitopuntura erótica se puede continuar siguiendo la línea de la columna, con leves presiones en los puntos terminales de cada vértebra hasta llegar al cuello.

Active la zona de los oídos con una leve fricción, pues en ese sitio están reflejados nuestros órganos. De adentro hacia afuera. Termine con un leve masaje en la cabeza, tratando de tonificar el cuero cabelludo.

Si practicamos la digitopuntura con el propósito de perfeccionar el arte de amar, en cada relación sexual se podrán evaluar los resultados. La eficacia se verá reflejada también en el crecimiento del vínculo de pareja en otras importantes áreas de la vida.

Masaje en pareja

Un masaje sensual con el que sorprender y agradar a la pareja comienza con una buena preparación de la sesión y el entorno. Aceites adecuados, luz bajo control, música para la ocasión y elección del momento idóneo. A ello hay que añadir esmero e imaginación. Cuando las manos hablan sobre el cuerpo, el resultado puede ser inolvidable.

La preparación de una sesión de masaje sensual y relajante puede constituir por sí misma toda una experiencia para los sentidos. El cuidado y el esmero juegan un papel fundamental en el resultado obtenido; por eso hay que ser imaginativo en relación al ambiente que desea crear.

Hay que elegir el momento más adecuado para ambos y convertir el emplazamiento elegido en un espacio sensual. Luz, temperatura y música son fundamentales, aunque tampoco conviene olvidar otros complementos como los aceites esenciales.

Existen varios tipos de óleos. Es importante encontrar cuál es el más agradable en cuanto a su aroma y textura. Si lo que se desea es conseguir una excitación sensual viva y eficaz, pruebe los aceites conocidos por sus propiedades afrodisíacas. El sándalo, por ejemplo, es una esencia oriental, leñosa y de efecto sedante; el pachulí, un aroma más estimulante, dulzón y misterioso; o el yang yang con su eufórico perfume, dulce y floral.

Antes de dar un masaje a la pareja, la persona que lo va a realizar debe estar muy relajada. No se puede masajear a la pareja si se encuentra cansado. El contacto íntimo en una pareja resulta tan estrecho que incluso los sentimientos más profundos llegan a transmitirse. Lo ideal es que antes de empezar ambos se relajen y respiren profundamente para abrir la mente y el cuerpo.

Es importante que la persona que realiza el masaje despeje su mente y se concentre en lo que hace. Respirar pausadamente, dejando que los músculos se relajen, hará que aumente su equilibrio interior. Antes de iniciar, puede pedir a su pareja que le masajee los hombros con suavidad. Así, ya habrá recibido algo antes de empezar a dar.

¿Simbiosis?

Masajear es sinónimo de tocar y el tacto conlleva la comunicación. El modo en el que se da un masaje a la pareja transmite los propios sentimientos del que está dando. Es como si se pusiera en marcha un canal de comunicación donde el que da el masaje habla con sus manos y el que recibe responde con su cuerpo.

Sin embargo, independientemente del cariño y la ternura que se pueda sentir por la pareja, el masaje supone un aprendizaje del modo de tocar que debe dominarse para que su práctica sea la adecuada. Los tres tipos básicos de manipulación son el roce suave, el amasamiento y la fricción.

El roce suave

Se utiliza en la aplicación del aceite y sirve para ayudar a conocer el cuerpo de la pareja. Hay que colocar las manos planas con los dedos relajados sobre la espalda de la pareja y deslizarlas hacia abajo con suavidad, tratando de localizar posibles nudos de tensión. Generalmente la presión debe aumentarse a medida que las manos se acercan a la zona del corazón. Esto tiene un efecto relajante, que se deja sentir en los nervios situados en las regiones subcutáneas.

El amasamiento

Comprende movimientos enérgicos que imitan a los que se utilizan al amasar el pan. Están especialmente indicados para liberar la tensión acumulada. Este tipo de manipulación está indicada para zonas más musculosas. Para darlo bien hay que apretar la piel entre los dedos y hundir el pulgar en la carne. Con los dedos, empuje la carne de nuevo hacia usted. Mueva las manos alternándolas, apretando, empujando y levantando la piel.

La fricción

Consiste en presionar áreas específicas, más bien pequeñas, lo que proporciona una sensación de descanso muy agradable. Es importante que la yema del pulgar empuje hacia abajo y realice pequeños movimientos de rotación para una mayor penetración. La fricción tiene un efecto analgésico y estimula la circulación sanguínea.

29

La magia sexual

Introducción a la magia sexual

La magia sexual conduce a la unidad de la mente con el alma y el cuerpo. Trasciende nuestro sexo, tiempo y espacio. Nos permite liberar el carácter negativo de una relación amorosa. Por lo tanto, la magia provoca el pleno gozo de la vida y un estado de éxtasis que va más allá de los límites de nuestros cuerpos hasta llegar armonizar con el universo.

Cuando hablamos de magia sexual, generalmente el lector la asocia con el hecho de poner "hechizos" para el amor o, en el peor de los casos, utilizar recetas extravagantes y colocarlas secretamente en el alimento de alguna víctima que deseamos conquistar. Algunos pueden comparar la magia sexual con el grado de hipnotismo o sugestión que ejercía el Conde Drácula sobre la inocente la inocente Lucy.

Pero en la realidad la magia sexual es la explicación metafísica de cómo actúan las fuerzas energéticas en el momento de la relación sexual. Son las energías que se atraen y rechazan en el juego amoroso, más allá de los cuerpos.

Al hablar de energía femenina o masculina como elementos necesarios para todo acto sexual, es importante entender que la femenina no es exclusivo de la mujer ni la masculina lo es del hombre. Ambas son parte de nuestro sistema, todos las poseemos más allá del sexo al que pertenezcamos.

¿Por qué se produce la atracción entre dos cuerpos? No es sólo el intercambio de hormonas lo que provoca un contacto sexual placentero. En un acto sexual actúan tanto los sentimientos como la energía mental. Según el ritual mágico, el estado de meditación antes del acto sexual despeja las emociones que pueden bloquear la relación. La mente pasa a ser un órgano sexual y contribuye al óptimo funcionamiento de la magia sexual.

Las técnicas mágicas que sirven para liberar las emociones y pensamientos negativos se realizan antes del acto amoroso y durante el mismo. La magia sexual no es un acto mecánico sino una exploración consciente de nuestras potencialidades sexuales y espirituales.

Para poner en práctica estas técnicas hay que aprender a liberarse de los temores. El desconocimiento de los límites de nuestro potencial sexual puede provocar fantasías negativas en una persona o en el vínculo de una pareja. Es necesario desarrollar los aspectos femeninos y masculinos en nuestro interior. Cada persona, individualmente o con su pareja, puede lograr un éxtasis cada vez mayor, hasta llegar a un punto total explosivo.

Aprende a ejercitar la magia sexual

Si el ejercicio se hace en pareja, será inolvidable para ambos. Los amantes se sientan uno frente a otro y se miran con la misma confianza e intimidad que tienen cuando se miran al espejo, con la misma actitud con que observan su rostro a la mañana.

> Cada uno observa al otro sin prejuicio, como parte de si, pero diferente sólo en apariencia. Si se encuentran en un lugar silencioso, desprovistos de ropa, la experiencia es mucho más poderosa. Cuando comienzan a sentir la necesidad de tocar a su pareja, es

porque todavía evitan profundizar la mirada que propongo. La observación debe ser, a cada instante, más inocente. Traten de liberarse de las percepciones corporales sexuales o las emociones que puedan surgir en cada uno. Deben seguir así hasta sentir al otro como parte de sí.

Si se hace a solas, siéntate delante del espejo y realiza ejercicio del mismo modo. Es posible que el hecho de mirar tu cuerpo también provoque excitación. Eso está bien porque demuestra que tu energía vital actúa en forma natural. No reprimas los sentimientos, pero observa sin realizar ningún movimiento.

Cuando sientan que la mente está despojada del desenfreno de la acción, pueden comenzar a acercarce. En ese momento cierren los ojos.

Ahora escuchen el corazón con los ojos cerrados. Sin tomarse el pulso, cada uno debe tratar de escuchar el latido de su corazón, respirando y relajándose cada vez que liberan el aire. Tomen conciencia del estado de su cuerpo y traten de percibir el de su pareja en forma intuitiva sin abrir los ojos. Esta tarea se llama "centrarse", y es justamente un ejercicio previo a la meditación mágica.

El estado de centrarse es esencial, y también es muy fácil lograr. El objetivo es entrenar el cuerpo para poder enfocar la mente donde la voluntad lo indique. Para ello deben aprender a estar presentes, relajados y a liberar las emociones que bloquean el acto sexual.

Si no logran centrar la mente tras 20 minutos, pueden lograr un estado óptimo repitiendo mentalmente la siguiente afirmación: "Mi relajación es plena para el goce de mi espíritu".

Meditación mágica, el camino al éxtasis sexual

"Un hombre y una mujer . . .
El hombre es el águila que vuela.
La mujer es el ruiseñor que canta.
Volar es dominar el espacio.
Cantar es conquistar el alma.
El hombre es un Templo.
La mujer es el Altar.
Ante el templo nos descubrimos;
ante el altar nos arrodillamos . . .
El hombre está colocado donde termina la tierra.
La mujer donde comienza el cielo".

Victor Hugo

Los ejercicios de relajación forman parte de la técnica de la magia sexual. El primer paso es concentrarse antes de la meditación, en forma individual o en pareja, para lograr un control mental y emocional previo a la relación.

Antes de aprender los pasos siguientes necesitamos preguntarnos ¿cómo podemos lograr concentrarnos en algo tan perfecto y elevado como la divinidad, mientras todo el cuerpo está excitado y tenemos la necesidad de tocar a nuestra pareja?

La respuesta no es fácil porque, durante miles de años, el hombre y la mujer se preocuparon por negar su sexualidad y subestimaron la energía del acto sexual. Pero tampoco es una respuesta tan complicada: es necesario que sientas un profundo amor por tu pareja y una gran necesidad de explorar tu poder sexual, más allá de los límites de tu imaginación.

La acción de aprender a meditar debe tener la misma atracción que, por ejemplo, hacer el amor por primera vez: ésta es una aventura entrañable, espiritual y amorosa, pero lo más importante es saber que una vez iniciada la técnica, no existe la posibilidad de volver al estado original.

Ahora encuentra un lugar privado, donde puedas continuar con todas las indicaciones anteriores. Una vez que consigas ese estado de relajación, tienes que centrarte en tu respiración. En cada inhalación debes contar hasta tres, reteniendo el aire, y exhalar lentamente; tu respiración debe ser casi imperceptible.

Una vez logrado ese estado, localiza en la zona de tu corazón la imagen más perfecta e ideal que desees lograr con tu pareja. Si no logras visualizarla, recrea internamente un sentimiento o sensación que te gustaría experimentar, sin ningún prejuicio. Lo que tienes que generar es un estado de plenitud a través de la mentalización concentrada en tu corazón. Pero no debes ver la imagen fuera de ti como proyectada en una pantalla, sino muy vívida y con la sensación plena de estar experimentando en ese momento todo lo que observas en tu interior.

Luego de esta concentración y visualización creativa, puedes tomarte unos minutos comentando, sin comparar, la experiencia con tu pareja.

En caso de que realices el ejercicio en forma individual, puedes anotar en un lugar íntimo cada visualización y cómo va evolucionado la claridad, el poder y la fuerza de tu meditación.

El éxito de esta meditación se observa cuando en todos los aspectos de tu vida hay un mayor dominio, seguridad y, fundamentalmente, un sentimiento de alegría por encima de todo.

Las llaves para abrir y desarrollar la magia sexual

Para crear mágicamente nuestro universo necesitamos elementos mágicos: luz, espacio, tiempo y el canal de la ación divina; el ser humano. Pero lo más importante es no olvidarnos que todos los seres humanos somos iguales o semejantes a nuestro creador divino. Esta es la base de la magia.

Las llaves de la magia sexual:

Espacio

Busca dentro de tu casa un lugar razonablemente silencioso. No hace falta que sea tu habitación. Basta con un lugar donde sepas que nadie te va a molestar; allí corta todas las interferencias posibles, desde el teléfono hasta la televisión. Trata de ventilar el ambiente y genera un aroma suave con un incienso de mirra o sándalo. Apaga las luces; si es posible ilumina levemente el ambiente con una vela roja. No es necesario que armes un espacio demasiado extraño.

Centrarse en uno mismo

Una vez que hayas logrado centrarte, desnúdate tú y tu pareja, es lo mejor para que las inhibiciones corporales también se liberen.

Realizar el ritual de protección

El primer ejercicio mágico que puedes probar es un simple ritual de protección. Todo lo que debes hacer es visualizar un círculo de luz alrededor de tu cabeza, que va descendiendo por todo tu cuerpo. El color de la energía con la que debes meditar es el blanco brillante. Luego imagina este mismo círculo alrededor de ti y del cuerpo de tu pareja. Si estás solo, lo puedes imaginar de la misma forma, pero debes sentir como si tu pareja estuviese presente, sentada frente a ti. Luego puedes extenderlo y rodear todo el lugar, luego toda tu casa, hasta llegar a rodear todo el planeta con luz blanca brillante.

Enfocarse y profundizar

Tarta de hacer un foco mental en la idea de que este círculo te está protegiendo y que nada podrá ocurrir, el mundo está en armonía y plenitud total. Trata de sentir el éxtasis dentro de ti, la paz y seguridad de un mundo iluminado por una luz blanca. Si todavía tienes dificultades para visualizar, piensa en el concepto de "soñar despierto", pero bajo tu propio control consciente. Algo así como estar razonablemente atento a lo que sucede a tu alrededor y aún así seguir soñando con tu amante o pareja o con todo el universo, rodeado de belleza y amor.

Con tiempo y práctica, serás capaz de visualizar cualquier cosa que desees. Podrás llegar a una meditación cada vez más ligada a tu voluntad, pero no es necesario que logres esto cuando recién comienzas. Trata de mantener el estado de éxtasis, controlar tu respiración y también evaluar tu estado de relajación permanentemente.

Puntos erógenos

Ahora que estás más relajado, trata de centrarte en tu corazón, imaginando que tu pareja está acostada. Visualiza a tu pareja y a ti como si fueran el Dios o la Diosa del amor, y con esa sensación incomparable imagina que acaricias el cuerpo del otro. Piensa intuitivamente cuáles son los lugares donde esa persona puede sentir mayor placer. No te anticipes y solamente acaricia con tu imaginación. No aquellas partes del cuerpo de tu amante que a ti te gustan, sino las que sabes que a tu pareja le son más placenteras.

Intensificación

Aún con los ojos cerrados pregúntate: ¿Cuál es el nivel de intensidad que necesitas para excitarla? ¿Hasta dónde tienes que llegar en tu exploración? ¿Qué fuerza o presión exacta tienes que realizar?

> Trata de sentir el éxtasis del otro y vibrar dentro de su cuerpo como si fuera el tuyo.
>
> No te desconcentres.
>
> No abras los ojos.
>
> No pierdas el nivel de relajación.

Continúa realizando esta meditación hasta que el éxtasis sea toda una explosión.

30

Las relaciones con amor

Las siete reglas de oro

El pensamiento es creativo: crea todo a nuestro alrededor, especialmente todo aquello que enfoca y comprende. Lo hace a veces en forma consciente y, en la mayoría de los casos, inconscientemente. Si queremos cambiar nuestro mundo y nuestras relaciones, sólo tenemos que empezar por nuestros pensamientos:

1. El pensamiento tiene el poder de transformar.
2. Uno es y tiene aquello que piensa y cree.
3. Tenemos muchos pensamientos por segundo: necesitamos hacerlos conscientes.
4. Podemos cambiar todo lo que pensamos.
5. Debemos estar atentos a lo que deseamos y pensamos . . .

6. . . . para dominar los pensamientos y no permitir que ellos nos controlen.

7. Debemos ejercitar nuestro pensamiento a diario: necesitamos tiempo y espacio para enfocar la energía para transformar, aprender y evolucionar.

Técnicas de la visualización creativa

Si observamos e investigamos el mundo interno, descubriremos qué punto del pensamiento es creativo y poderoso. Para llegar a una excelente visualización creativa hay dos pasos que cumplir:

Primer paso: la respiración completa

La respiración completa consiste en trabajar con los pulmones y con el abdomen para lograr una respiración correcta y profunda. Debes estar acostado, tendido sobre el suelo en un lugar cómodo y donde no te interrumpan durante unos quince o treinta minutos.

Al principio, hasta que la respiración sea fluida y natural, es importante practicar este ejercicio mientras tu cuerpo reposa.

Presta atención a tus pensamientos y deja que pasen como una lluvia de energía: no te identifiques con ninguno. Luego de unos minutos de relajación, coloca una mano en tu abdomen y la otra en el pecho, exhala suavemente todo el aire por la nariz vaciando por completo tus pulmones. Trata de mantener los pulmones vacíos por unos segundos. Inhala lentamente inflando sólo el abdomen, hasta llenar toda la parte baja de los pulmones: sin esforzarte, sentirás como tu diafragma se expande hacia abajo. En estos momentos la región baja y media de sus pulmones se encuentra llena de aire.

Antes de exhalar el aire aprovecha para vaciar todos tus pensamientos e imagina que se liberan también tus emociones y tensiones diarias. Luego, lleva el aire a la región superior de los pulmones y poco a poco expúlsalo.

Repite este proceso durante un mínimo de diez minutos.

Segundo paso:
la concentración mental y la visualización creativa

Antes de comenzar el ejercicio de la visualización, trata de tener todo bien anotado y detallado para saber claramente aquello que quieres lograr. Es importante definir con claridad cada afirmación que deseas hacer realidad. Por ejemplo:

1. Mejorar la comunicación con tu pareja en la cena.
2. Llegar a comprender más a tus hijos durante el mes de junio.
3. No tener problemas en el trabajo hoy.

Tomemos el primer ejemplo:

> Visualiza a tu pareja y a ti mismo sentados en tu casa cenando. Cuando realices el ejercicio, no te imagines que estás viendo una película en tu mente, trata de sentir, con todos tus sentidos, lo que estás visualizando como si realmente estuvieses haciéndolo..
>
> Luego, imagina una escena donde haya poca comunicación entre ambos y tacha ese cuadro mental, con una enorme cruz; agrega a esta acción imaginaria, la palabra "cancelado".
>
> Imagina entonces una cena cordial y cariñosa con todos los detalles que desees cumplir. Lo ideal es realizar dos visualizaciones creativas por día, hasta que se manifiesten en forma real. Cuando se haya cumplido cada visualización, sigue trabajando con otras nuevas. Pero nunca superpongas más de dos imágenes por día.
>
> La mente es muy literal y ordenada. Recuerda siempre que si tenemos la capacidad de soñar es porque también podemos hacer nuestros sueños realidad.

Relaciones con amor

Crear relaciones con amor es participar de la fiesta que el universo nos regala cada día. En nuestro interior habita una zona oscura que nos impide disfrutar. Podemos iluminarla con claridad mental y un corazón dispuesto. La vida es una bella invitación. ¿Quieres gozar de todas los aspectos del amor? No esperes más, de ti depende.

Camino hacia una mente de luz

La visualización de la mente permite que puedas tener una relación armoniosa contigo mismo y con los demás. Se compone de cuatro pasos:

Despejar la mente

La finalidad de despejar la mente dentro de la visualización es acallar el torrente de pensamientos que fluye todo el tiempo. Este objetivo se logra con una buena respiración completa

Observar la mente

Para que la visualización sea efectiva debemos estar atentos a los pensamientos que aparezcan en la mente. Cuando te desconcentres, vuelve a relajarte y a prestar atención a la respiración. Una meditación muy interesante es darse cuenta de cómo se encadenan los pensamientos.

Disciplinar la mente

En este paso tenemos que penetrar en el contenido del pensamiento y ver cómo un pensamiento lleva a otro y este a otro y así todos se encadenan. No hay que implicarse, sólo observar como se desarrolla el proceso, pero sin prestar demasiada atención a cual es el material del pensamiento, pues muchas veces es energía emocional que se filtra en el plano mental.

Afirmaciones

Por medio de la disciplina la mente puede usar las afirmaciones. Estas son una de las herramientas más poderosas de la mente. Se trata de fijar una afirmación y visualizarla claramente. También se puede repetir esta frase o afirmación, como un mantra. Para que tenga efecto, lo ideal es repetirla durante quince minutos por día, hasta conseguir que se cumpla.

Discriminar las relaciones y la energía emocional

El mundo está lleno de energía positiva y negativa. Las emociones son un aspecto de esto. Existe una separación entre las emociones mal llamadas negativas y positivas. Las emociones son, simplemente, energías en movimiento. Lo que le da el contenido de positivas o negativas es lo que hacemos con ellas y los resultados que causan en nuestros vínculos. El enojo, el odio o el temor son emociones llamadas negativas porque bloquean, enferman, atormentan. El amor, la esperanza, el afecto son llamadas positivas porque nos sanan, alivian y protegen. Todas son parte de la vida. Pero, ¿podemos manejar nuestras emociones?

Aprender a tener relaciones con amor

Para poder amar debemos manejar nuestros miedos y la energía negativa que provocan. Los siguientes pasos ayudan a crear una buena plataforma interior.

1. La mente no puede tener dos pensamientos a la vez, por lo tanto ante el primer pensamiento negativo despejemos nuestra mente y cancelemos ese pensamiento. Así logramos disciplinar la atención en lo positivo.

2. Tratar de descubrir qué esconde cada emoción negativa que te aparece. Este sistema te lleva al autoconocimiento y a la sabiduría.

3. Evita juzgar a los demás o condenarlos. Es mejor tratar de reforzar lo positivo que vemos en los demás, porque de lo contrario, el dedo acusador mañana puede apuntarte a ti. Si te esfuerzas por ver lo bueno en ti y en los demás, pronto serás más feliz.

4. Vivir en la oscuridad no es permanecer en un cuarto a oscuras, es no poder ver la realidad que nos expone la vida con luz y armonía. Puedes elegir estar siempre en la penumbra, pero si te cansas puedes encender la luz. Ver con claridad es un ejercicio mental que se logra haciendo conscientes todas las emociones positivas hasta descubrir lo mejor de ti.

5. Observa modelos de personas o actitudes que te gustaría imitar. Tener un modelo positivo puede ayudarte, siempre que no idealices a esa persona. Este enfoque te servirá de punto de apoyo.

6. Elige qué emociones deseas para tus relaciones. Tú debes tener el control de tu vida y tus emociones. Trata de observar cada estímulo que llega a ti, cómo reaccionas, qué te provoca. Este mecanismo te brindará autoconciencia permanente.

7. Eleva tus oportunidades. Cuando te creas herido por el acecho de tus emociones negativas, realiza una lista de las todas las formas positivas con que podrías responder ante esa situación. Este sistema crea un mecanismo de protección infalible para ti.

8. Visualiza esa lista y trabaja con las afirmaciones diarias hasta que lo logres.

Recuerda cuántas veces has tropezado con mucha facilidad por el camino de la inseguridad y el miedo. Ahora es tiempo de transitar por el sendero del amor. Tu perfecta guía serán los dulces susurros que dicta desde siempre tu corazón.

31

La libertad: el don del amor

Libertad sexual, un camino a la verdad

La libertad sexual es un eslogan tan vendido, tan dicho y escuchado, que la mayoría hemos perdido el punto de vista real de su significado. La libertad es un don natural que depende del conocimiento, la claridad y la evolución interna de cada ser humano.

Uno es libre cuando mantiene una coherencia entre su mundo interno y su relación con el universo externo. Esto se manifiesta al dar y recibir natural y espontáneamente lo mejor de sí misma, disfrutando cada experiencia como un juego de energías que fluyen sin detenerse; gozando del presente sin esperar la aprobación ajena. Existe confianza en los dictados de su corazón.

Para mantener una vida sexual activa y libre debemos respetar los mismos principios.

1. Conocer nuestro mundo interno.
2. Uno es y tiene aquello que piensa y cree.
3. Ser más conscientes de nuestras posibilidades y limitaciones.
4. Guardar coherencia entre nuestros sentimientos, creencias, pensamientos y acciones.
5. Gozar de cada instante, de cada encuentro erótico, estando consciente de que es un momento único e irrepetible de placer con la pareja.
6. Buscar la satisfacción del otro en forma natural y fluida.
7. Estar abierto a recibir, dando satisfacción afectiva y sexual en cada encuentro.

Pero, ¿cómo llevar a la práctica estos principios universales? ¿Cuál es la orientación que se necesita? Más allá del sexo, color, religión, posición social o lugar que habita una persona, existen claves para mantener el equilibrio de la balanza:

1. Amar y proteger nuestro cuerpo.
2. Conocer el cuerpo, en su totalidad, como un mapa de placer para la satisfacción propia y de la pareja.
3. Confiar en el lenguaje corporal en un encuentro erótico.
4. Estar atento y abierto a todo tipo de señales que la pareja nos brinda en una relación sexual.
5. Comprender, sin juzgar, las fantasías sexuales que provienen de nuestro interior.
6. Respetar los deseos, creencias e ideas de los demás.
7. Estar abierto a gozar de las nuevas propuestas de la pareja, permaneciendo con una amplia fidelidad a nuestras verdaderas necesidades.
8. Buscar y renovar la información de nuevas técnicas para el placer.
9. Comprender que el contacto erótico es un juego e intercambio fascinante entre dos personas.

10. Cuidar la salud de nuestro cuerpo y de nuestro amante, protegiéndonos de todo tipo de contagio o enfermedad.
11. Mantener una ética sexual con nuestra pareja, esto implica respetar su disponibilidad o los códigos que se acuerden para cada nuevo encuentro.
12. Recordar tus sueños eróticos para tratar de revelar su mensaje inconsciente, con el objetivo de comprender el significado oculto está manifestando.
13. Tratar de observar nuestras resistencias para sentir a la pareja.
14. Proponer siempre una comunicación sexual sin poner reglas que la pareja no comparta.
15. Respetar las tendencias sexuales de los demás, lo que no implica participar de las mismas.
16. Tratar de informarse y clarificar todo aquello relacionado con los mitos que condicionan nuestra sexualidad.
17. Mantener una actitud renovada en el plano erótico, más allá del tiempo que tenga la relación.
18. Buscar espacios libres donde se pueda crear una plena armonía.

La liberación de un ser humano, en todas las áreas de la vida, con diferentes formas, posee la misma esencia infinita. La sabiduría de gozar en plena libertad consiste en descubrir cada día un nuevo aspecto del amor.

32

La ternura y las formas de amar

Fórmulas con ternura

Si no puedes recordar cuándo fue la última vez que alguien te esperó con los brazos abiertos, abre tu libro y anota algunos trucos para evitar el desgaste en la pareja.

Intenta repasar sólo estas últimas semanas: ¿Cuántas veces deseaste que la persona que amas te tomara entre sus brazos por sorpresa? ¿Cuántas otras te invadió la sensación de ausencia de ternura en tu relación? ¿Percibes que perdiste para siempre aquella pasión de los gloriosos primeros días con tu pareja? ¿Puedes reproducir, con ese mismo entusiasmo, esos amores pasajeros de verano, ardientes de fantasías? ¿Hasta cuándo puede uno agonizar de deseo y comenzar a rogar por un poco de contacto y cariño debido a la falta de ternura en nuestra vida cotidiana?

Abandona el libro de quejas

Si deseamos tener un vínculo más agradable, evitando los malos entendidos y los desgastantes momentos de discusión, necesitamos tener a mano algunos ingredientes que mejorarán el sabor de cada encuentro:

La risa

Existe una gran dosis de ternura en la capacidad de reírse de uno mismo y en encontrar algo positivo en aquellas situaciones que parecen terminar con la relación en un sólo instante.

El silencio

Aprende a valorar cada silencio que la otra persona necesita para sentirte, o simplemente para observarte. Son instantes plenos de ternura.

La sorpresa

La rutina es el peor enemigo del cariño, una pareja sólo puede transformar ese estado de inercia cuando aprende a pensar en esos pequeños pero eternos detalles que provocan felicidad a la pareja. Descubrir cómo alimentar la ternura todos los días es un juego increíble con miles de combinaciones creativas. Elabora en tu calendario una lista de sorpresas para el ser que amas.

La oportunidad

El punto más difícil de un vínculo amoroso es saber encontrar los momentos justos para plantear los temas que nos molestan, nos irritan, que bloquean el placer de la relación.

La generosidad

Tener la intención de dar sin esperar recibir una expresión de amor o deseo sexual por parte de la pareja.

También son necesarios

El respeto, la delicadeza, la comprensión, y especialmente buena predisposición para proponer algo nuevo o distinto que pueda ser más positivo para la relación. Estar alerta a lo que la otra persona desea expresar. No siempre las palabras muestran la realidad de los sentimientos. Muchas veces las emociones profundas encuentran un buen escondite detrás de las palabras.

Estar dispuesto a amar y a relajarse, dedicándose con cuerpo y alma al ser que elegimos, no es un sueño ni una ilusión remota o anticuada. Concederle a la persona (y a nosotros mismos) la oportunidad de disfrutar una cuota de verdadera ternura, aunque sea un instante, es una tregua en la lucha diaria.

33

Cómo encontrar el alma gemela

Cómo encontrar al amante de tu vida

Tu alma anhela una persona que posea todas las cualidades que sintonizan en armonía contigo. Pero los sentidos nos confunden y distraen de nuestro verdadero amante. A través de la concentración en tu corazón podrás encontrar al amor de tu vida. Ahora, prepárate para descubrir el poder del amor.

El llamado del corazón

Podemos estar en presencia del verdadero amor sin notarlo porque los sentidos dirigen la atención a otro punto. Por ejemplo: si necesitamos guardar algo importante y por alguna razón nos distraemos (puede ser por un llamado telefónico, o escuchamos algo en la radio), realizamos la acción pero olvidamos lo que hicimos y perdemos ese objeto que poseía un gran valor personal. Éste se ha deslizado de nuestras manos o lo hemos abandonado en un sitio que no logramos recordar.

Nuestra existencia puede transcurrir como un gran olvido o en perfecta armonía: depende exclusivamente de nosotros.

Todas las técnicas de meditación y visualización creativa se basan en la concentración del pensamiento en un punto, objeto, situación, lugar, persona, arquetipo, imagen, mantra o deseo. Existe un principio escencial en el que se basan todas las teorías de concentración mental: la energía sigue al pensamiento. Esto significa que todo lo que pienses va estar siempre sostenido por una energía física, emocional, mental y espiritual que va materializar el deseo de tu corazón. No hay ninguna duda, todo lo que desees verdaderamente con tu corazón será una realidad en tu mundo interno y luego se manifestará en plano exterior.

Compromiso del poder divino para crear

Antes de seguir adelante y hacer realidad la consigna que proponemos, debes tomar conciencia del poder de tu voluntad.

Lo primero es conocer y saber que somos creadores del universo, porque nuestro pensamiento crea.

Lo segundo es que debes ser muy sincero contigo mismo antes de proseguir con tu deseo de encontrar el amor de tu vida. Trata de responder a las siguientes preguntas:

¿Deseo encontrar el amante definitivo?

¿Tengo una idea clara del amante que necesito?

¿Estoy preparado para el amor del alma?

¿Deseo experimentar muchas relaciones antes de tener un compromiso completo y verdadero con el amor de mi vida?

¿He soñado con la posibilidad de encontrar una relación armoniosa y perfecta?

¿Me animo a vivir esta aventura?

¿Sólo me importa la apariencia externa de mi amante o me interesan también sus cualidades profundas?

Encontrarse con el amante divino

Para que la técnica sea realmente efectiva, debes imaginar y escribir, antes del ejercicio de la visualización, el mayor número de detalles posibles. Todo lo que te imaginas que debe ser y poseer tu amante perfecto.

Recuerda que la energía universal y el pensamiento son muy literales y precisos. Como dice un proverbio muy antiguo: "Ten cuidado con aquello que deseas porque lo conseguirás".

Primer paso

Concéntrate en los atributos esenciales que deseas encontrar en esa persona tan especial.

Segundo paso

Moldea y dale forma a tu amante. Trata de verlo claramente en tu interior para que luego se manifieste en el exterior. Estructura la imagen como una realidad, aquí y ahora, en el tiempo presente.

Escribe afirmaciones que puedan crear al amante perfecto, por ejemplo: Encontré la persona de mis sueños. Él/ella siempre me comprende y puede ayudarme. Mi pareja es perfecta, me contiene siempre. Con mi amante perfecto las relaciones sexuales me provocan sorpresa, ternura y éxtasis. Mi amante es muy bello/a y cree que soy perfecta/o para él/ella.

No escribas el nombre de una persona determinada. Sigue la ley de la atracción confiando en la energía universal.

Tercer paso

Realizar la respiración completa cuando ya tengas claro aquello que deseas visualizar.

Cuarto paso

Realiza la visualización del amante perfecto, siguiendo las afirmaciones que has creado. Esta técnica tiene dos objetivos: despertar tu capacidad de amar en tu interior, y reconocer a tu amante en el mundo exterior.

Quinto paso

Tienes que crear con tu pensamiento y sentimiento, a través de la meditación o visualización diaria, la plataforma interna de amor, para que realmente te encuentres cada día más convencido de ser amado, aceptado sin condicionamientos, en forma perfecta para ti.

Lo esencial para que la visualización funcione es tener la certeza interna de que puedes dar lo mejor de ti. El otro punto importante es tener la mente alerta y permanecer siempre con el corazón abierto para recibir al amor de tu vida.

Las almas gemelas

Es inevitable que exista una atracción magnética entre dos almas que son afines, y aunque se dice que no siempre se encuentra al ser ideal, este maravilloso fenómeno se vive por lo menos una vez en la vida de una persona. De hecho, el encuentro suele suceder mucho antes de que ocurra el descubrimiento concreto de esa otra persona.

Es común que hayamos vivido la experiencia sin saberlo, porque la afinidad suele ser tan sutil que nuestro ego puede no reconocer la presencia de esa otra parte de nuestro ser.

Niveles de unión de las almas

Cada ser humano experimenta este maravilloso hecho en diferentes planos de energía:

Primer nivel

El primer nivel de unión es el espiritual. Este plano se alcanza cuando las almas gemelas están internamente preparadas para unirse. Las dos partes sienten una gran plenitud y, si la unión es espiritual, es posible que nunca más vuelvan a separarse.

Segundo nivel

El segundo plano es el intelectual. Las almas gemelas compatibilizan en su forma de pensar.

Tercer nivel

El tercer nivel es el emocional. Desde el primer encuentro existe una intensa afinidad y la sensación de conocerse desde hace tiempo. En este estadio, las almas gemelas se enamoran con mayor facilidad. Comparten una gran entrega y equilibrio.

Cuarto nivel

El cuarto nivel es el físico o erótico. La pareja de almas gemelas se entrega físicamente con una pasión sin límites. Durante el acto sexual, los abrazos y los besos son intensos e interminables porque en el contacto físico con su par sentirán que finalmente han encontrado el hogar verdadero. En el plano erótico, las almas gemelas descubren desde el primer momento que su pareja conoce su cuerpo a la perfección. Se acariciarán y besarán como si fueran un solo cuerpo y sus encuentros eróticos pueden llegar a estar más allá del tiempo y el espacio. Ambos perciben, al mismo tiempo, que se transportan a otra dimensión. La sensación de libertad y de vuelo mientras hacen el amor es sublime, y sienten que pueden tocar el cielo con las manos.

Sin este último nivel físico, las almas gemelas no pueden reconocerse verdaderamente como pareja. Porque los otros planos están relacionados con el amor incondicional, que puede manifestarse en amistad duradera, o como un afecto especial entre dos personas, sin que llegue a formarse una relación de pareja. Eso dependerá de la personalidad, del desarrollo espiritual o del conocimiento mutuo y personal de cada una de las partes.

Cómo encontrar nuestra alma gemela

Si el lado racional de una persona insiste en ignorar el deseo del alma, seguramente tendrá un mensaje mental que le dicte: "es imposible que exista alguien parecido a mí", o "las almas gemelas es un cuento dulce, pero yo no lo voy experimentar".

Lo cierto es que cuando se está preparado para el encuentro, se atrae a la otra parte como un imán, siempre que los pensamientos o las emociones negativas no obstaculicen el objetivo. Para vivir la apasionante experiencia de descubrir un alma afín no es preciso tener una edad determinada.

¿Dónde la puedo encontrar? Puede ser en el colegio, la facultad, el trabajo, la calle, durante un viaje, navegando por Internet, hablando o en las circunstancias más inesperadas.

En el amor no hay recetas ni condiciones, no existen reglas. Para invocar al alma gemela es necesario conocernos profundamente.

34

El amante perfecto hace el amor en cuerpo y alma

Confía en ti

Tú eres el suelo donde todas las cosas descansan.
Tú eres la Tierra de donde todas las cosas nacen.
Tú estás aquí, eres sólido, estás vivo.
Tú eres el punto en donde todas las cosas
del universo comienzan.

Siempre se afirmó que la zona más erótica de todo ser humano comienza y termina en uno mismo.

Para la filosofía tántrica, el sexo es la unión entre la tierra y el universo: el ser humano actúa dentro de esta unión sexual como un canal o puente con infinita y eterna fuerza erótica.

Debido al desconocimiento, la verdadera función del sexo siempre ha sido un misterio; sobre todo su origen o cuál es la causa profunda que genera la excitación en cada ser humano.

Nadie puede negar que la energía sexual es la más sutil y poderosa de nuestra existencia. La vitalidad está relacionada directamente con la sexualidad, combinando las tres esferas de la vida:

El pensamiento

El sentimiento

La voluntad

El resultado de las distintas modificaciones de estos tres factores genera el deseo sexual más profundo y sensual, tanto en la relación con uno mismo como con los demás.

Si tu posición ante el sexo es sin planteos filosóficos, ni prejuicios negativos o positivos, si lo vives de la misma manera en que utilizas tus manos o tus ojos, te abrirás a la comprensión del tantra.

Sólo de ese modo el erotismo puede servir. Porque la energía sexual resulta difícil de controlar, manejar, conocer y almacenar. Si logramos ser más conscientes de nuestros impulsos sexuales, podremos vivir en el paraíso terrenal. Pero si no los sabemos manejar, como muchas veces sucede, pueden interferir en todos los niveles y planos en los que interactuamos.

La intuición, directamente relacionada con ese estado de plenitud y de relajación que se logra y luego se descarga, nos guiará hacia las acciones correctas.

En este terreno, el conocimiento consciente de lo que provoca el deseo sexual, forma parte del entrenamiento y de la voluntad para dirigir nuestras fuerzas vitales, en forma realmente beneficiosa.

Hacer el amor con el universo

El Tantra afirma:

"Acéptate tal como eres. Eres un gran misterio de muchas energías
que se combinan en muchas dimensiones.
Acéptalo y muévete con cada energía, con sensibilidad profunda,
con lucidez, con amor, con comprensión.
Entonces cada deseo se convierte en un vehículo
para la propia superación.
Cada energía resulta una ayuda,
y el propio mundo es luz consciente para tu vida.
El propio cuerpo es un templo, un lugar sagrado,
donde el universo hace su reverencia".

Epílogo

El Tao no tiene favoritos

El Tao infinito fluye por todas partes,
creando y destruyendo,
realizando el Mundo,
atendiendo al más pequeño detalle,
Sin pedir nada a cambio.

Nutre todas las cosas, sin controlarlas;
carece de intención,
por lo que parece inconsecuente.

Es la sustancia de todas las cosas,
Pero no somete a control a ninguna;
no hace excepciones,
Por lo que es importante para todas.

A causa de que no favorece a ninguna cosa finita,
es infinito.

Tao Te King, 34

Bibliografía

Arnold, Paul. *Con los sabios místicos de Japón*. Buenos Aires: Editorial Dédalo, 1976.

Asín Cabrera, A. *Tantra*. Madrid: Editorial Analecta, 1980.

Ballesteros Arránz, Ernesto. *Yogasûtras de Patâñjali*. Madrid: Ediciones Bhisma, 1993.

Benson, Herbert., MD. *Relajación*. Barcelona: Editorial Pomaire, 1977. También publicado en Ingles cómo *The Relaxation Response*. Edición Publicada por Avon, 1990.

Bernard, Jean-Luis. *El Tantrismo, Yoga Sexual*. Barcelona: A. T. E., 1975.

Bernard, Theos. *El Camino Práctico del Yoga: El cielo está en nosotros*. Buenos Aires: Editorial La Pléyade, 1972.

——. *Hatha Yoga: Una Técnica de Liberación*. Buenos Aires: Ediciones Siglo Veinte, 1973.

Besant, Annie. *El Yoga*. Buenos Aires: Editorial Kier, 1966.

Calle, Ramiro. *La Sabiduría de los Grandes Yoguis*. Barcelona: Círculo de Lectores, 1975.

——. *Principios de Yogoterapia*. Madrid: Ediciones Pirámide, 1979.

——. *Yoga: Ciencia de la Salud*. Madrid: Ediciones Pirámide, 1979.

Chang, Jolan. *Tantra: El culto de lo femenino*. Sudamericana Grupo Editor.

Comunidad del Arco Iris. *Tantra, la Alquimia Energética, Volumen I*. Barcelona: Arcoiris, 1981.

Eliade, Mircea. *Yoga, Inmortalidad y Libertad*. Buenos Aires: Editorial La Pléyade, 1977.

Feuerstein, Georg. *The Philosophy of Classical Yoga*. Rochester: Inner Tradictions International, 1996.

——. *The Shambhala Enciclopedia Of Yoga*. Boston: Shambala Publications Inc, 1997.

——. *The Yoga Tradition: Its History, Literature, Philosophy and Practice*. Prescott: Hohmpress, 1998.

Guenon, René. *La Metafísica Oriental*. Barcelona: Ediciones de la Tradición Unánime, 1984.

Herrigel, Eugen. *Zen en el Arte del Tiro con Arco*. Buenos Aires: Editorial Kier, 1979.

Holleman, Dona. *Dancing the Body of Light*. The Netherlands: Pegasus Enterprises, 1999.

Iam, Mabel. *El Don de la Diosa*. Buenos Aires: Editorial Mega Libros.

Iam, Mabel. *Magia Sexual*. Tienda de Libros, www.elsitio.com, 2001.

Jung, Carl. *Arquetipos e Inconciente Colectivo*. Buenos Aires: Editorial Paidós, 1974.

——. *Contribución a los Símbolos*. Buenos Aires: Editorial Paidós.

——. *Energética Psíquica y Esencia del Sueño*. Buenos Aires: Editorial Paidós, 1982.

——. *Formaciones de lo Inconciente*. Buenos Aires: Editorial Paidós.

——. *La Interpretación de la Naturaleza y la Psique*. Buenos Aires: Editorial Paidós, 1994.

——. *La Psicología de la Transferencia*. Buenos Aires: Editorial Paidós.

——. *Las Relaciones entre el Yo y el Inconciente*. Buenos Aires: Editorial Paidós.

——. *Lo Inconciente*. Editorial Losada.

——. *Los Complejos y el Inconciente*. Editorial Alianza, 1970.

——. *Psicología y Alquimia*. Buenos Aires: Editorial Paidós.

——. *Psicología y Educación*. Buenos Aires: Editorial Paidós.

——. *Psicología y Simbología del Arquetipo*. Buenos Aires: Editorial Paidós.

——. *Psicología y Religión*. Buenos Aires: Editorial Paidós.

——. *Realidad del Alma*. Editorial Losada.

——. *Recuerdos, sueños y pensamientos*. Editorial Seix Barral S.A, 1966.

——. *Simbología del Espíritu*. Fondo de Cultura Economica, 1962.

——. *Símbolos de Transformación*. Buenos Aires: Editorial Paidós, 1982.

——. *Sincronicidad*. Buenos Aires: Editorial Paidós.

——. *Teoría del Psicoanálisis*. Editorial Plaza y Janes.

——. *Tipos Psicológicos*. Editorial Sudamericana.

Jung, C. y otros. *El Hombre y sus Símbolos*. Editorial Caralt.

Jung, C. y Wiheim, R. *El Secreto de la Flor de Oro*. Buenos Aires: Editorial Paidós, 1981.

Jung, C., Campbell, J., Bly, Keen, Dossey, May, Branden, Wilber, Hillman, Bradshaw. *Encuentro con la Sombra*. Editorial Kairos.

Jung, C., Campbell, J., Harding, Zweig, Stein, Bly, Rich, Hillman, Von Franz, Whitmont y otros. *Espejos del Yo*. Editorial Kairós.

Krishnamurti. *El Estado Creativo de la Mente*. Buenos Aires: Editorial Kier.

——. *La Libertad Primera y Última*. Barcelona: Editorial Kairós, 1996.

Lao Tse. *Tao Te Ching*. Barcelona: Ediciones Orbis, 1985.

——. *Tao-Te-King*. Madrid: Luis Cárcamo, editor, 1980.

Lysebeth, Andre Van. *Tantra: El Culto de lo Femenino*. Barcelona: Ediciones Urano, 1990.

Osho. *Aqui y Ahora*. Editorial Libros de Osho.

——. *De la Medicación a la Meditación*. Editorial Libros de Osho.

——. *Introducción al mundo del tantra*. Roselló Impresions.

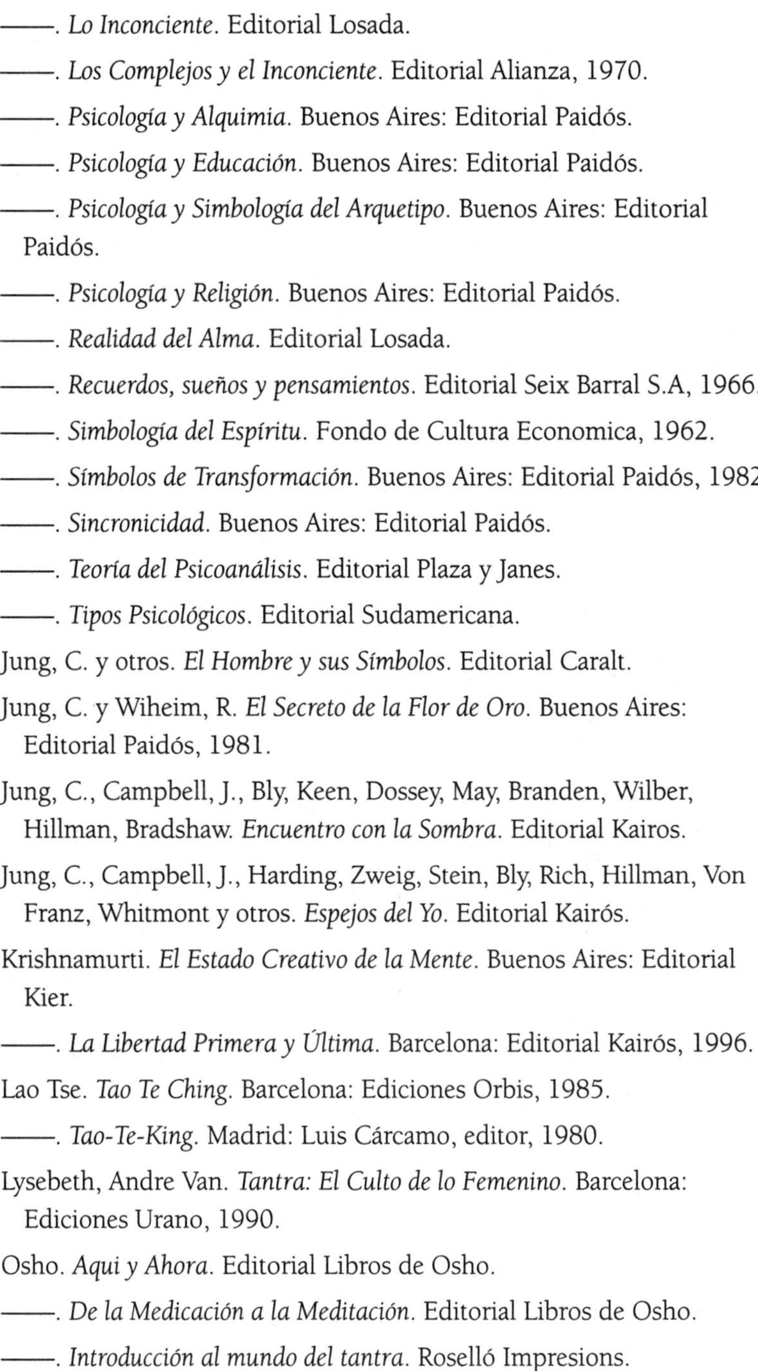

——. *¿Qué es Meditación?*. Roselló Impresions.

——. *Sólo un cielo. En el camino tántrico del canto de Tilopa*. Roselló Impresions.

——. *Tao: Los Tres Tesoros*. Editorial Libros de Osho.

——. *Tantra: Espiritualidad y Sexo*. Editorial Libros de Osho.

——. *Una nueva visión sobre la liberación de la mujer*. Editorial Gulaab.

——. *Vida, Amor y Risa*. Editorial Libros de Osho.

——. *Yoga: la ciencia del alma Volumen II*. Editorial Gulaab.

——. *Zen: Tarot*. Editorial Libros de Osho.

Ramacharaka, Yogi. *14 lecciones sobre filosofía yogi y ocultismo oriental*. Buenos Aires: Editorial Kier, 1972.

——. *Ciencia hindú yogi de la respiración*. Buenos Aires: Editorial Kier, 1973.

Raynaud de la Ferriere, Serge. *Yug, yoga, yoguismo*. Mexico: Editorial Diana, 1975.

Reid, Daniel. *El Tao de la Salud, el Sexo y la Larga Vida*. Barcelona: Editorial Urano, 1989. También publicado en Ingles cómo *Tao of Health, Sex & Longevity*. Redwing Book Co, 1999.

Rinpoché, Sogyal. *Meditación*. Editado por: José J. de Olañeta. Palma, 1998.

Riviere, Jean. *El Yoga Tántrico*. Buenos Aires: Editorial Kier, 1978.

Shankara. *La joya suprema del discernimiento*. Edicomunicaciones.

Shankaracharya, Sri. *La Joya Suprema del Discernimiento y la Realización Directa*. Buenos Aires: Editorial Kier.

Salzberg, Sharon. *Amor Incondicional*. Madrid: Editorial Edaf, 1987.

Sama, Meishu. *Foundation of Paradise*. Johrei Felloship.

——. *The Art of the Johrei*. Lux Oriens.

Sandweiss, Samuel. *Sai Baba y el Psiquiatra*. Mexico: Editorial Yug.

Satprakashananda, Swami. *La meta y el camino, enfoque vedántico de los problemas de la vida*. Mexico: Editorial Yug.

Sing Khalsa, Gurudass. *Kundalini yoga, tal como lo enseña Yogui Bhajan*. Barcelona: Editorial Alas, 1989.

Sivananda, Kalyan. *Instituto Tantra*. Buenos Aires: Editorial Kier, 1979.

Sivananda, Swami. *Ciencia del pranayama*. Buenos Aires: Editorial Kier, 1975.

——. *Kundalini yoga*. Buenos Aires: Editorial Kier, 1971.

——. *Tantra Yoga, Nada Yoga, Kriya Yoga*. Buenos Aires: Editorial Kier, 1973.

Stoler Miller, Barbara. *Yoga: Discipline of Freedom. The Yoga Sutra Attributed to Patanjali*. Berkeley: University of California Press, 1996.

Suzuki y Fromm. *Budismo zen y psicoanálisis*. Madrid: Closas-Orcoyen, 1975.

Suzuki, D. T. *La práctica del monje zen*. Barcelona: Ediciones Abraxas, 1998.

Suzuki, Shunryu. *Mente Zen, Mente de Principiante*. Buenos Aires: Editorial Estaciones, 1987.

Biografía

Mabel Iam, psicoterapeuta y especialista en relaciones personales, es autora de numerosos libros premiados e incluidos en la lista de los más vendidos. Sus libros sobre autoayuda, amor, sexualidad, psicología, ángeles y astrología han llegado a ser *best sellers* en diferentes países. *Qué hay detrás de tu nombre,* uno de sus títulos recientes, le valió el premio al libro latino (Latino Literary Book Award) en la categoría de autoayuda, otorgado por el Instituto Cultural Mexicano en la feria del libro 2003 (Book Expo) de Los Ángeles, California. Además, sus libros *Sex and the Perfect Lover (El amante perfecto)* y *El sueño del amor* fueron nominados en la categoría bilingüe como mejores libros de no-ficción para el Premio del Libro Latino, por la organización *Latino Literacy Now,* en la feria del libro de la ciudad de Nueva York. Mabel Iam es una exitosa conductora y productora de radio y televisión.

Desde la publicación de su primer libro, *Sex and*

the Perfect Lover, que apareciera primero en inglés y luego fuera traducido a más de siete idiomas, Mabel logró imponerse con éxito en el mercado mundial. Este libro alcanzó una amplia difusión y reconocimiento en países tan lejanos como la India, así como el primer lugar en su género en la librería virtual amazon.com, y ha sido favorito del público desde el año 2004 hasta la fecha.

Sus libros han recibido una excelente crítica de la prensa, tanto en revistas como *Latina, Latina Style, Zinc, Críticas* y *Penthouse* como de periódicos en Estados Unidos *(The Miami Herald, El Diario-La Prensa, Journal)* y otros países.

Consultada por numerosas personas de todo el mundo, desde presidentes hasta celebridades, Mabel Iam ha recibido, entre otros galardones, el premio Mercosur de investigaciones del año 1999.

A través de sus propios programas de TV y radio, Mabel Iam ha llegado a millones de personas, en su natal Argentina y en toda América Latina. A partir del 2002, también ha empezado a conquistar a millones en Estados Unidos. Desde la ciudad de Miami, donde reside actualmente, continúa ayudando a miles de personas a través de la alquimia, la psicoastrología, las técnicas orientales del *tao,* el *tantra* y la visualización creativa, así como la invocación de los ángeles. Mabel participa también en las ferias internacionales del libro más importantes de los Estados Unidos.

En su empeño por contribuir al binestar público, Mabel tiene un espacio semanal en Radio Caracol, en Miami; colabora para *El Diario-La Prensa* de Nueva York y participa en los programas *Despierta América* de Univisión y *De mañanita* de Telemundo, las cadenas hispanas más importantes en Estados Unidos.

Valiéndose de la aplicación de diferentes terapias, Mabel Iam ha sido una innovadora de las técnicas de autoayuda en todo el continente, y en la actualidad ya está en condiciones de mostrar toda su capacidad y su maestría espiritual a nivel mundial.